A VERDADEIRA ATITUDE EMPREENDEDORA

Prof. Marcão – Marcus Vinícius Pinto

A verdadeira atitude empreendedora

© Copyright 2024- Todos os direitos reservados.

As informações fornecidas neste documento são declaradas verdadeiras e consistentes, em que qualquer responsabilidade, em termos de desatenção ou de outra forma, por qualquer uso ou abuso de quaisquer políticas, processos ou orientações contidas nele é a responsabilidade única e absoluta do leitor.

Sob nenhuma circunstância qualquer responsabilidade legal ou culpa será mantida contra os autores por qualquer reparação, dano ou perda monetária devido às informações aqui contidas, seja direta ou indiretamente.

Os autores possuem todos os direitos autorais desta obra.

Questões legais

Este livro é protegido por direitos autorais. Isso é apenas para uso pessoal. Você não pode alterar, distribuir ou vender qualquer parte ou o conteúdo deste livro sem o consentimento dos autores ou proprietário dos direitos autorais. Se isso for violado, uma ação legal poderá ser iniciada.

As informações aqui contidas são oferecidas apenas para fins informativos e, portanto, são universais. A apresentação das informações é sem contrato ou qualquer tipo de garantia.

As marcas registradas que são utilizadas neste livro são utilizadas para exemplos ou composição de argumentos. Este uso é feito sem qualquer consentimento, e a publicação da marca é sem permissão ou respaldo do proprietário da marca registrada e são de propriedade dos próprios proprietários, não afiliado a este documento.

As imagens que estão aqui presentes sem citação de autoria são imagens de domínio público ou foram criadas pelos autores do livro.

Aviso de isenção de responsabilidade.

Observe que as informações contidas neste documento são apenas para fins educacionais e de entretenimento. Todos os esforços foram feitos para fornecer informações completas precisas, atualizadas e confiáveis. Nenhuma garantia de qualquer tipo é expressa ou implícita.

Ao ler este texto, o leitor concorda que, em nenhuma circunstância, os autores são responsáveis por quaisquer perdas, diretas ou indiretas, incorridas como resultado do uso das informações contidas neste livro, incluindo, mas não se limitando, a erros, omissões ou imprecisões.

ISBN. 9798364679550

Selo editorial. Independently published

Sumário

1 VOCÊ SABE DIZER O QUE É SER UM EMPREENDEDOR PESSOAL? 23

1.1 O EMPREENDEDOR PESSOAL. 25

1.2 EXEMPLOS DE EMPREENDEDORES DE SUCESSO. 29

1.3 AS MOTIVAÇÕES DOS EMPREENDEDORES DE SUCESSO. 30

2 A ATITUDE EMPREENDEDORA. 34

2.1 POR QUE VOCÊ PRECISA DE ATITUDES EMPREENDEDORAS? 34

2.2 QUAIS SÃO AS ATITUDES QUE DEFINEM UM EMPREENDEDOR DE SUCESSO? 37

2.2.1 PAIXÃO. 37

2.2.2 CORAGEM. 38

2.2.3 FLEXIBILIDADE/ADAPTABILIDADE. 39

2.2.4 ÉTICA. 40

2.2.5 INTEGRIDADE. 41

2.2.6 ABORDAGEM REALISTA. 41

2.2.7 FOCO NO CLIENTE. 41

2.2.8 CRIATIVIDADE. 42

2.2.9 DETALHISMO. 42

2.2.10	Visão.	43
2.2.11	Liderança.	44
2.2.12	Comunicação.	46
2.2.13	Automotivação.	46
2.2.14	Consciência de seus limites.	47
2.2.15	Proficiência técnica.	47
2.2.16	Paciência e Resiliência.	47

3 O EMPREENDEDOR NÃO NASCE PRONTO. 50

3.1 Pensamentos de grandes empresários. 51

3.2 Os empreendedores devem ser capazes de pivotar. 54

4 QUANDO SUA EMPRESA É VOCÊ MESMO. 59

5 POR QUE É MAIS FÁCIL SER GERENCIADO DO QUE GERENCIAR? 66

5.1 Quando ser gerenciado. 68

5.2 A banalidade do mal. 69

6 SOFT SKILLS NECESSÁRIAS PARA TER A GESTÃO DA SUA VIDA. 73

6.1 Autogestão. 73

6.2 Proatividade. 74

6.3 Resiliência. 75

6.4 Comunicação eficaz. 77

6.5	Pensamento crítico	79
6.6	Empatia e inteligência emocional	80
6.7	Adaptabilidade	84
6.8	Liderança	87
6.9	Honestidade e Integridade	88
6.10	Resolução de problemas	89
6.11	Colaboração	90
6.12	Comunicação não verbal	92
6.13	Persuasão	94
6.14	Pensamento criativo	95
6.15	Gestão de conflitos	96
6.16	Flexibilidade	98
6.17	Gerenciamento do tempo	99
6.18	Mindfulness	100
6.19	Networking	101
6.20	Automotivação	103
6.21	Adaptabilidade cultural	104
6.22	Abertura à aprendizagem contínua	106
6.23	Empatia digital	107

6.24	Resiliência emocional.	108
7	**O BURNOUT DOS PROFISSIONAIS.**	**112**
7.1	Até onde você vai para alcançar e manter o sucesso?	119
7.2	Sintomas de burnout.	121
7.2.1	Os colegas de trabalho se tornam seus inimigos?	122
7.2.2	Você tem pânico de segundas-feiras?	123
7.2.3	Sua vida é uma sentença perpétua de prisão sem condicional?	124
7.2.4	Novas oportunidades brilhantes estão sempre chamando sua atenção?	124
7.2.5	O LinkedIn é o terror da sua existência?	125
7.3	Essas pistas podem evitar que o de burnout se instale.	126
8	**O SUICÍDIO POR MOTIVO PROFISSIONAIS.**	**129**
8.1	Fatores para um suicídio por motivos profissionais.	131
8.2	O suicídio pela perda do emprego.	132
8.3	Karoshi.	136
9	**A NORMOSE.**	**141**
10	**AS EXPECTATIVAS E AS FRUSTRAÇÕES PROFISSIONAIS.**	**150**
11	**EM BUSCA DO RECONHECIMENTO PERDIDO.**	**155**
11.1	A falta de reconhecimento.	155

11.2	A FALTA DE RECONHECIMENTO DOS CLIENTES.	157
12	**OS SEGREDOS PARA TER UMA VERDADEIRA ATITUDE EMPREENDEDORA.**	**162**
12.1	VISÃO E INOVAÇÃO.	162
12.2	2. DETERMINAÇÃO E PERSISTÊNCIA.	163
12.3	CAPACIDADE DE APRENDIZADO.	163
12.4	NETWORKING E COLABORAÇÃO.	166
12.5	FOCO E PLANEJAMENTO.	168
12.6	CORAGEM E ASSUNÇÃO DE RISCOS.	170
12.7	ÉTICA E INTEGRIDADE.	173
12.8	PAIXÃO E PROPÓSITO.	174
13	**CONCLUSÃO.**	**179**
14	**REFERÊNCIAS BIBLIOGRÁFICAS.**	**183**
16	**CONHEÇA O AUTOR.**	**190**
16.1	PROF. MARCÃO - MARCUS VINÍCIUS PINTO.	190
16.2	ALGUNS LIVROS PUBLICADOS PELO PROF. MARCÃO.	192
16.3	COMO CONTATAR O PROF. MARCÃO.	195

A verdadeira atitude empreendedora

Figuras

Figura 1 – Ser responsável pelos seus empreendimentos é um desafio. 18

Figura 2 – Empreendedorismo pessoal. 25

Figura 3 – Exemplos de empreendedores de sucesso. 29

Figura 4 – Saber empreendedor é um talento a ser desenvolvido. 31

Figura 5 – O que é preciso? 34

Figura 6 – Coragem. 38

Figura 7 – Flexibilidade no trabalho. 39

Figura 8 – Ética. 40

Figura 9 – Foco no cliente. 42

Figura 10 – Detalhismo. 43

Figura 11 – Liderança. 44

Figura 12 – Harry S. Truman. 45

Figura 13 – Automotivação. 46

Figura 14 – Resiliência. 48

Figura 15 – Eis a questão! 50

Figura 16 – Espírito de equipe. 52

Figura 17 – Ideias sem limite. 53

Figura 18 – Saber o momento de pivotar é crucial para o sucesso. 55

Figura 19- J.K. Rowling. _____ 62

Figura 20 – Ricardo Amorim. _____ 63

Figura 21 – Gerenciado ou gerenciar? _____ 66

Figura 22 – Hannah Arendt. _____ 68

Figura 23 – Autogestão. _____ 73

Figura 24 – Resiliência. _____ 75

Figura 25 - Stephen Covey _____ 76

Figura 26 – Componentes da comunicação eficaz. _____ 77

Figura 27 - Dale Carnegie. _____ 78

Figura 28 – Peter Drucker _____ 80

Figura 29 – Daniel Goleman. _____ 81

Figura 30 – Empatia. _____ 82

Figura 31 – David Caruso. _____ 83

Figura 32 – John Kotter _____ 85

Figura 33 – Brian Tracy. _____ 85

Figura 34 – Adaptabilidade. _____ 86

Figura 35 – Liderança. _____ 87

Figura 36 – Colaboração. _____ 91

Figura 37 – Comunicação não verbal. _____ 93

Figura 38 – Gestão de conflitos. _____ 97

Figura 39 – Resiliência emocional. _____ 109

Figura 40 - Herbert J. Freudenberger. _____ 113

Figura 41 - Christina Maslach. _____ 114

Figura 42 - Maslach Burnout Inventory. _____ 115

Figura 43 – Burnout. _____ 118

Figura 44 – Pode ser uma queima lenta, mas no limite temos uma verdadeira explosão. _____ 120

Figura 45 – É incrível como não se percebe os sintomas de burnout! _____ 122

Figura 46 – Alisson Miller, Mathew J. Spittal, Jane Pirkis e Anthony D LaMontagne _____ 130

Figura 47 - Vítima do Karoshi. _____ 137

Figura 48- Normose? _____ 142

Figura 49 – Normose infantil. _____ 143

Figura 50 - Jean-Yves Leloup. _____ 146

Figura 51 - Pierre Weil. _____ 146

Figura 52 - Roberto Crema. _____ 147

Figura 53 - Viktor Frankl. _____ 151

Figura 54 – Falta de reconhecimento profissional. _____ 156

Figura 55 – Falta de reconhecimento dos clientes. _____ 159

Figura 56 – Uma escalada sem fim e sem garantias. _____ 179

Figura 57 – Alguns livros do Prof. Marcão. _____ 192

Figura 58 – Mais alguns livros do Prof. Marcão _____ 193

Figura 59 - Livros sobre Dados Abertos do Prof. Marcão. _____ *194*

Figura 60 – Vamos valorizar os professores. _____ *196*

Para minha amada Andréa,

que pode não estar sempre certa,

mas tem sempre razão.

Prof. Marcão – Marcus Vinícius Pinto

A verdadeira atitude empreendedora

SEJA BEM-VINDO.

"Empreender não é para qualquer um" – muitos de nós já ouvimos esse alerta vindo de amigos, familiares e até das vozes sussurrantes de nossos receios mais escondidos.

Se concordamos ou não com esse adágio, uma conclusão é incontroversa:

> *Empreender realmente não é fácil! Desafios são inúmeros, e as estatísticas podem ser desanimadoras.*

No entanto, apesar das adversidades evidentes, um número crescente de indivíduos opta por trilhar o caminho do empreendedorismo, com o objetivo de transformar suas vidas e suas carreiras.

Assumir as rédeas da sua trajetória profissional como empreendedor oferece a oportunidade única de cristalizar seus sonhos mais audaciosos. Você passa a moldar seus produtos e estratégias, forjando-os no fogo do seu próprio propósito, visionando uma realidade profissional que ressoe com seu íntimo ideário.

Este caminho não é trilhado em busca de garantias; pelo contrário, ele é pavimentado por um espírito de aventura e uma aceitação da incerteza. Heróis do cotidiano não se lançam na jornada empreendedora somente atraídos pelo brilho de um potencial sucesso; eles também entendem que cada fracasso carrega consigo o gérmen de sabedoria e fortalecimento.

O sucesso e o fracasso, em seus caprichos, não oferecem certezas, mas prometem uma coisa: a aprendizagem.

Figura 1 – Ser responsável pelos seus empreendimentos é um desafio.

Para os arrojados protagonistas da própria carreira empresarial, as recompensas ultrapassam largamente as métricas financeiras. Trata-se de uma realização pessoal, da satisfação de ver um empreendimento nascido de suas aspirações tomar forma e impactar o mundo de maneira positiva e significativa. E ainda que as ondas da incerteza se ergam ameaçadoras, é no desbravar dessas águas que reside o verdadeiro aprendizado.

Empreender é, em essência, uma narrativa de autodescoberta e de coragem. E, se está considerando tornar-se autor da sua própria história empresarial, lembre-se de que as páginas estão em branco, esperando pelas ideias que só você pode conceber e pelas ações que só você pode executar.

Entregue-se ao empreendimento com determinação e resiliência, estude o mercado e aprenda com aqueles que já trilharam caminhos similares. A busca pelo conhecimento é constante; portanto, tenha boas leituras e esteja aberto para absorver lições valiosas de cada experiência. Bons aprendizados tornam-se o seu melhor ativo, capacitando-o a fazer escolhas informadas e a adaptar-se à rápida evolução do mundo dos negócios.

Enquanto navega na odisséia do empreendedorismo, serão muitos os altos e baixos, mas é a paixão pelo que faz e a convicção no seu propósito que serão os ventos propulsores que o manterão adiante. Não se esqueça de que as recompensas mais valiosas frequentemente vêm após os maiores desafios. Portanto, cultive a paciência, sustente a persistência e celebre cada pequeno avanço no caminho para a realização do seu sonho empresarial.

Encare cada novo dia como mais uma chance para crescer, para inovar e, acima de tudo, para edificar um legado que inspire outros a seguirem seus passos. A jornada do empreendedor é simultaneamente pessoal e universal - você não está apenas construindo um negócio, mas também forjando um exemplo de possibilidade e de perseverança.

Esteja preparado para ser um estudante perpétuo, um solucionador de problemas intrépido e, acima de tudo, o arquiteto de sua própria carreira. Boas leituras e excelentes aprendizados o aguardam nesta emocionante viagem chamada empreendedorismo.

Prof. Marcão - Marcus Vinícius Pinto
Influenciador digital
especialista em empreendedorismo, soft skills,
precificação de produtos e neuromarketing.
Fundador, CEO, professor e orientador pedagógico da
MVP Consult.

A verdadeira atitude empreendedora

"O grande segredo da vida é que não há nenhum grande segredo. Seja qual for o seu objetivo, você pode chegar lá se estiver disposto a trabalhar".

OPRAH WINFREY

1 VOCÊ SABE DIZER O QUE É SER UM EMPREENDEDOR PESSOAL?

Ser empreendedor é mais do que ser proprietário de uma empresa, é uma perspectiva e um estilo de vida.

O caminho para o empreendedorismo pessoal é muitas vezes traiçoeiro, cheio de desvios inesperados, obstáculos e becos sem saída. Há muitas noites sem dormir, planos que não dão certo, financiamentos que não chegam e clientes que nunca se concretizam. Lançar um negócio pode ser tão desafiador que pode fazer você se perguntar por que alguém voluntariamente segue esse caminho.

Apesar dessas dificuldades, todos os anos milhares de pessoas embarcam em uma jornada empreendedora, determinadas a concretizar sua visão e preencher uma necessidade que veem na sociedade. Eles abrem negócios físicos, lançam startups de tecnologia ou transformam uma ideia em um novo produto ou serviço. Com a motivação, inspiração e plano de jogo certos, você também pode ser um empreendedor de sucesso.

Um empreendedor identifica uma necessidade que nenhuma empresa existente atende e determina uma solução para essa necessidade.

A atividade empreendedora inclui desenvolver e iniciar um novo negócio e implementar um plano de marketing empresarial, muitas vezes com o objetivo final de vender a empresa para obter lucro.

Um empreendedor que regularmente lança novos negócios, os vende e depois abre novas empresas é um empreendedor serial. Se um empresário deve ser considerado um empreendedor, muitas vezes depende se eles criaram o negócio e outras legalidades. Dito isso, qualquer fundador de uma empresa familiar de sucesso começou como empreendedor.

Se você quer se tornar um empreendedor, mas se preocupa em não ter dinheiro para isso, as finanças não precisam impedi-lo de alcançar seus objetivos de carreira.

Muitos empreendedores buscam opções de financiamento que contornam os bancos tradicionais, como financiamento de investidores-anjo que fornecem aos empreendedores capital para cobrir os custos de inicialização (ou, mais tarde, custos de expansão).

Se você puder demonstrar um alto potencial de crescimento para o seu negócio, também poderá recorrer a um capitalista de risco, que oferece capital em troca de parte da sua empresa.

Todos os profissionais - médicos, advogados, engenheiros e contadores - passam por rigoroso treinamento e educação para dominar suas respectivas áreas. Isso também vale para empreendedores profissionais.

Pense nisso.

- Você gostaria que o profissional projetando sua casa estivesse fazendo isso como seu primeiro projeto fora da escola?
- Que tal ter seu apêndice removido por um médico recém-formado fazendo sua primeira cirurgia?

Em ambos os cenários você pode ter sorte, mas queremos contar com sorte nessas situações, ou com habilidade e experiência? O mesmo vale na criação de um negócio.

A maioria das faculdades e universidades oferecem cursos de negócios básicos e avançados projetados para ensinar conceitos gerais e tradicionais. No entanto, mesmo que esses cursos sejam necessários para aprender os princípios fundamentais de negócios, eles não ensinam como ser um empreendedor.

Eles só fornecem um roteiro. Você também precisa desenvolver habilidades e adquirir conhecimentos específicos na prática se você busca se destacar como empreendedor.

A vida é a melhor escola. Sempre foi e sempre será. Observar como as coisas são feitas, certo ou errado, em seguida, experimentar por conta própria. Esse é o segredo de todo o aprendizado.

1.1　O empreendedor pessoal.

Um empreendedor pessoal, que pode ser um profissional autônomo, é alguém que aplica os princípios do empreendedorismo à gestão da própria carreira, independentemente de estar liderando uma startup, trabalhando como freelancer, ou navegando a dinâmica de uma grande corporação.

Este tipo de empreendedorismo é focado em forjar uma trajetória profissional que reflita a visão pessoal, os valores e as metas do indivíduo. A marca da atuação do empreendedor pessoal é a proatividade: em vez de esperar que oportunidades se apresentem, ele as cria.

Figura 2 – Empreendedorismo pessoal.

Os desafios enfrentados pelo empreendedor pessoal são multifacetados. Primeiramente, existe o desafio da automotivação. Diferentemente de um funcionário tradicional, o empreendedor pessoal frequentemente precisa definir e manter seu próprio ritmo de trabalho e buscar continuamente oportunidades de avanço e desenvolvimento. Isso inclui também o desafio de ser resiliente diante do fracasso ou do retorno abaixo das expectativas.

Outro desafio significativo é a construção de uma marca pessoal forte. A impressão que os outros têm de um profissional pode abrir ou fechar portas. Por isso, o empreendedor pessoal deve se esforçar para criar uma reputação que esteja alinhada com seus objetivos de carreira, valendo-se de redes sociais, networking e demais estratégias de visibilidade.

A gestão eficiente do tempo e recursos também é crítica. O empreendedor pessoal precisa priorizar atividades que acrescentem valor e descartar o que é supérfluo ou distrativo. Além disso, não se pode ignorar o desafio do equilíbrio entre a vida pessoal e o trabalho, especialmente para aqueles que gerenciam seus próprios negócios ou trabalham por conta própria.

Para superar esses desafios, existem diversas estratégias aplicáveis:

1. Defina Metas Claras. Ter um conjunto claro de objetivos profissionais e pessoais pode ajudar a manter o foco e a motivação. É importante estabelecer metas de curto, médio e longo prazo que sejam SMART (Específicas, Mensuráveis, Atingíveis, Relevantes e Temporais). Ao visualizar onde quer chegar, o empreendedor pessoal pode construir um caminho estratégico e ajustá-lo conforme necessário.

2. Desenvolva uma Marca Pessoal Forte. Invista tempo em desenvolver e comunicar sua marca pessoal. Isso envolve estar consciente da sua imagem pública, das suas habilidades e de como você pode diferenciar-se em seu campo de atuação. Ser autêntico e consistente com sua presença online e offline é fundamental para construir credibilidade e atrair oportunidades de negócios ou de carreira.

3. Aprenda Continuamente. O desenvolvimento contínuo de habilidades é imprescindível. O empreendedor pessoal deve estar disposto a se educar, seja através de cursos formais, leituras, workshops ou outras formas de aprendizado. A

adaptabilidade é uma vantagem competitiva no mercado de trabalho atual, sujeito a rápidas mudanças.

4. Amplie sua Rede de Contatos. Networking é crucial. Construir e manter uma rede de contatos pode levar a colaborações frutíferas, novos clientes ou empregos. Assistir a eventos da indústria, engajar-se em grupos on-line e manter-se ativo em comunidades profissionais são maneiras de expandir sua rede.

5. Cultive a Resiliência. Desenvolver uma pele grossa e uma atitude positiva diante dos fracassos e rejeições é importante. Aprenda com os erros e veja-os como degraus para o sucesso. Ter resiliência também significa saber quando é hora de mudar de direção ou ajustar metas para se adaptar a novas circunstâncias.

6. Gerencie seu Tempo e Recursos Eficientemente. Aprenda a dizer "não" a projetos que não se alinham com suas metas. Use ferramentas e técnicas de gerenciamento de tempo para maximizar a produtividade e assegure-se que está alocando seus recursos - incluindo tempo, dinheiro e energia - de forma a beneficiar seus objetivos a longo prazo.

7. Mantenha o Equilíbrio Entre Trabalho e Vida Pessoal. É vital que o empreendedor pessoal esteja atento à própria saúde física e mental. Estabeleça limites claros entre trabalho e lazer, e certifique-se de reservar tempo para descanso, hobbies e a vida social. Equilibrar esses aspectos não só aumenta a eficácia profissional, como também previne a exaustão e mantém a motivação em alta.

8. Encontre um Mentor ou Coach. Ter um mentor ou coach pode ser uma das decisões mais impactantes para o crescimento pessoal e profissional. Esta pessoa pode oferecer orientação, apoio e feedback valioso baseado em sua própria experiência e sucesso. O aconselhamento pode ajudá-lo a enxergar pontos cegos em sua atuação e a acelerar seu desenvolvimento.

9. Use a Tecnologia a Seu Favor. A tecnologia pode ser uma grande aliada do empreendedor pessoal quando se trata de organização, eficiência e acessibilidade a informações. Ferramentas de gerenciamento de projetos, aplicativos de

produtividade e plataformas de aprendizado online são apenas alguns exemplos de como a tecnologia pode aumentar a capacidade de atingir objetivos profissionais.

10. Avalie e Ajuste Regularmente. O autoconhecimento é chave para um empreendedorismo pessoal bem-sucedido. Avalie regularmente seu progresso em relação às suas metas e esteja disposto a fazer ajustes conforme suas experiências e o ambiente a sua volta evoluem. Isso pode significar a necessidade de recalibrar objetivos, alterar estratégias ou adquirir novas competências.

11. Prepare-se para Riscos. Empreender de si mesmo muitas vezes envolve correr riscos calculados. Isso não significa agir de forma imprudente, mas ter a coragem de tomar decisões ponderadas e oportunas, mesmo diante de incertezas. Avalie os possíveis cenários e tenha um plano de contingência para cada situação de risco.

Ser um empreendedor pessoal significa ver a si mesmo como uma empresa em constante melhoria e inovação. É abordar cada nova oportunidade e desafio com uma mentalidade estratégica e visão de longo prazo.

O sucesso neste âmbito vai além da realização de tarefas e atingimento de metas financeiras; trata-se de uma jornada de autodesenvolvimento, na qual o indivíduo é tanto o catalisador quanto o beneficiário do progresso contínuo.

Ao embarcar na jornada do empreendedorismo pessoal, é também crucial reconhecer a importância do bem-estar emocional. A pressão para ter sucesso pode ser intensa, e sem o suporte adequado, pode-se facilmente cair em armadilhas como burnout e isolamento. Por isso, é essencial construir uma rede de apoio sólida, seja por meio de colegas, amigos, família ou profissionais de saúde mental.

Importante também é a habilidade de celebrar as vitórias, tanto as grandes como as pequenas. Cada passo adiante é um sucesso a ser reconhecido e festejado. Essa celebração não só fortalece o ímpeto para seguir em frente, mas também adiciona alegria e satisfação na experiência do empreendedorismo pessoal.

1.2 Exemplos de empreendedores de sucesso.

Muitas pessoas cujos nomes ninguém conhecia décadas atrás exemplificam o sucesso empresarial hoje. Aqui estão alguns exemplos.

- ❖ Steve Jobs. O falecido líder de tecnologia começou a Apple em uma garagem e a transformou na empresa dominante que é hoje. Jobs até vacilou no meio de sua carreira, deixando a Apple por mais de uma década antes de retornar à empresa e levá-la a novos patamares
- ❖ Elon Musk. Ele fundou a SpaceX e desde então se tornou conhecido por investir os bilhões de dólares que sua empresa lhe rendeu em alguns projetos benevolentes, incluindo o fornecimento de água potável para Flint, Michigan, e a doação de ventiladores aprovados pela FDA para hospitais que lutam contra o COVID-19.

Figura 3 – Exemplos de empreendedores de sucesso.

- **Bill Gates.** O cofundador da Microsoft tem sido frequentemente listado como o indivíduo mais rico do mundo e se tornou um líder de renome internacional em pandemias e como lidar com elas. A Fundação Bill & Melinda Gates, compartilhada com sua ex-esposa, concentra-se no combate à pobreza, desigualdade e doenças globalmente.
- **Jeff Bezos.** O fundador e criador da Amazon.com começou originalmente a empresa como um varejista de livros online. Desde então, o mercado da internet se tornou uma das empresas mais valorizadas do mundo, vendendo quase todos os produtos imagináveis.
- **Mark Zuckerberg.** Como estudante universitário, ele ajudou a moldar o futuro das mídias sociais ao co-fundar a plataforma de rede social Facebook. Inicialmente lançado apenas para campi universitários selecionados, o serviço rapidamente se expandiu para o público em geral. Seu sucesso transformou Zuckerberg em um dos mais jovens bilionários da América.
- **Sara Blakely.** Ela pegou US$ 5.000 e transformou em uma empresa de US$ 1 bilhão com uma invenção conhecida hoje como Spanx. A ideia nasceu da frustração de Blakely com a meia-calça que ela teve que usar em trabalhos anteriores. Ela não tinha experiência em moda, mas pesquisou de tudo, de patentes a tecidos.

1.3   As motivações dos empreendedores de sucesso.

O que motiva os empreendedores a se aventurar quando tantos outros correriam na direção oposta? Embora a inspiração de cada pessoa seja diferenciada e única, muitos empreendedores são estimulados por um ou mais dos seguintes motivadores.

1. **Autonomia.** Empreendedores são pessoas que querem ser seus próprios patrões, definir seus próprios objetivos, controlar seu próprio progresso e administrar seus negócios como acharem melhor. Eles reconhecem que o sucesso ou fracasso de seus negócios depende deles, mas não veem essa responsabilidade como um fardo. Em vez disso, a consideram um marcador de sua liberdade.

2. Objetivo. Muitos empreendedores têm uma visão clara do que desejam realizar e trabalharão incansavelmente para que isso aconteça. Eles realmente acreditam que têm um produto ou serviço que preenche uma lacuna e são compelidos por um compromisso obstinado de continuar avançando. Eles odeiam a estagnação e preferem falhar enquanto avançam do que definhar na inatividade.
3. Flexibilidade. Nem todos se encaixam na rigidez da cultura corporativa tradicional. Os empreendedores geralmente procuram se libertar dessas restrições, encontrar um melhor equilíbrio entre vida profissional e pessoal ou trabalhar às vezes e de maneiras não convencionais. Isso não significa que eles estão trabalhando menos horas – muitas vezes, especialmente nos estágios iniciais do crescimento de um negócio, eles trabalham mais e mais – mas, em vez disso, eles estão trabalhando de uma maneira que é instintiva para eles.

Figura 4 – Saber empreendedor é um talento a ser desenvolvido.

4. Sucesso financeiro. a maioria dos empreendedores percebe que não será bilionário da noite para o dia, mas isso não significa que eles não estejam

interessados no potencial de ganhar muito dinheiro com um negócio de enorme sucesso sobre o qual eles têm controle total. Alguns querem estabelecer uma rede de segurança financeira para si e suas famílias, enquanto outros procuram obter um lucro enorme criando a próxima grande novidade.

5. Legado. os empreendedores geralmente são guiados pelo desejo de criar algo que dure mais que eles. Outros querem desenvolver uma marca que tenha longevidade e se torne uma instituição. Alguns querem passar uma fonte de renda e segurança para seus herdeiros. Há também empreendedores que esperam causar uma impressão duradoura no mundo e deixar um legado de inovação que melhore a vida das pessoas de alguma forma tangível.

"Oportunidades não surgem. É você que as cria"

Chris Grosser[1]

---

[1] Grosser foi pioneira na plataforma freelancer Upwork e na empresa de computação em nuvem Digital Ocean.

2 A ATITUDE EMPREENDEDORA.

Se você está pensando em se tornar um empreendedor, primeiro identifique quais dos motivadores acima servem como suas forças orientadoras.

Em seguida, considere se você possui os traços de caráter e atributos específicos que permitirão que você prospere como empreendedor.

Figura 5 – O que é preciso?

Você tem o que é preciso para empreender por conta própria?

Tem o espírito empreendedor em você?

2.1 Por que você precisa de atitudes empreendedoras?

Como empreendedor, você precisa dessas atitudes empreendedoras, pois elas potencializam suas chances de sucesso.

A combinação de atitude e mentalidade certas é uma das chaves fundamentais para o sucesso nos negócios.

A combinação de atitude e mentalidade certas é uma das chaves fundamentais para o sucesso nos negócios. A maneira como encaramos desafios, lidamos com as adversidades e mantemos o foco em nossos objetivos pode determinar o rumo e a magnitude de nossas conquistas no mundo empreendedor.

Ter a atitude correta significa ter determinação, resiliência e otimismo diante dos obstáculos que surgem no caminho. É a capacidade de não se deixar abater pelas dificuldades, de persistir mesmo quando as coisas parecem difíceis e de enxergar oportunidades onde outros enxergam apenas problemas. Uma atitude positiva é contagiante e inspiradora, motivando não apenas a si mesmo, mas também àqueles que estão ao seu redor.

Já a mentalidade certa envolve a capacidade de pensar de forma estratégica, criativa e inovadora. É a habilidade de analisar situações sob diferentes perspectivas, identificar soluções inovadoras e antever tendências de mercado. Uma mentalidade voltada para o crescimento e a aprendizagem contínua é essencial para se manter competitivo e relevante no mundo dos negócios em constante evolução.

Quando combinamos uma atitude positiva com uma mentalidade voltada para o sucesso, somos capazes de superar desafios, explorar novas oportunidades e alcançar patamares cada vez mais altos em nossa jornada empreendedora. A confiança, a resiliência, a criatividade e a capacidade de se adaptar rapidamente às mudanças se tornam nossas maiores aliadas na busca pelo sucesso nos negócios.

Além disso, a combinação de atitude e mentalidade certas nos permite manter o equilíbrio emocional diante das pressões e incertezas do mundo empresarial, tomando decisões assertivas e mantendo o foco em nossos objetivos de longo prazo. A clareza de propósito, a disciplina e a capacidade de lidar com a incerteza são aspectos essenciais para construir uma base sólida e duradoura para o sucesso nos negócios.

É importante ressaltar que a combinação de atitude e mentalidade certas não é um atributo estático, mas sim uma habilidade que pode ser desenvolvida e aprimorada ao longo do tempo. A prática da autoconsciência, do autoconhecimento e do autodesenvolvimento são fundamentais para cultivar uma postura positiva e proativa diante dos desafios que surgem no mundo empresarial.

Além disso, buscar o aprendizado constante, estar aberto a novas ideias e experiências, e cercar-se de pessoas inspiradoras e motivadoras também são estratégias eficazes para fortalecer a combinação de atitude e mentalidade certas. O networking, a mentoria e a participação em eventos e programas de capacitação são oportunidades valiosas para expandir horizontes, adquirir novos conhecimentos e construir relações que impulsionam o crescimento profissional e pessoal.

Em suma, a combinação de atitude e mentalidade certas é uma poderosa alavanca para o sucesso nos negócios, pois nos capacita a enfrentar desafios, explorar oportunidades e alcançar nossos objetivos com determinação, criatividade e resiliência. Ao cultivarmos uma postura positiva, confiante e orientada para a inovação, estamos não apenas construindo uma base sólida para o sucesso em nossas empreitadas, mas também inspirando e motivando aqueles ao nosso redor a alcançarem o melhor de si mesmos.

Portanto, você precisa desenvolver uma atitude empreendedora positiva se quiser alcançar o sucesso nos negócios.

- ✓ Uma mentalidade criativa ajuda as empresas a terem sucesso.
- ✓ Com novas ideias, é mais fácil para você levar seu negócio ao nível desejado.
- ✓ Atitude é um dos fatores que distingue uma pessoa da outra. Assim, uma atitude empreendedora irá distingui-lo de outros empreendedores.
- ✓ Quando essa atitude empreendedora se torna parte de você, isto se propaga para outras áreas da sua vida tornando você uma pessoa melhor no geral.

2.2 Quais são as atitudes que definem um empreendedor de sucesso?

Ser um profissional de atitude é algo essencial em todos os segmentos do mundo corporativo. E isso é ainda mais essencial quando se trata dos empreendedores, pois eles precisam da atitude certa para começar e administrar um negócio de sucesso.

Atitudes empreendedoras são traços comportamentais que podem ajudar um empreendedor a crescer e ter sucesso nos negócios. Sem elas pode ser um desafio crescer nos negócios.

Além disto, são essas atitudes que permitirão que um indivíduo configure e execute um negócio de forma eficaz.

Veja a seguir algumas atitudes empreendedoras que você precisa se quiser ter sucesso nos negócios.

2.2.1 Paixão.

Um dos atributos que um empreendedor deve possuir é a paixão.

A paixão é muitas vezes uma força motriz que pode ajudar os empreendedores a permanecerem no negócio, independentemente dos desafios que enfrentam.

Um empreendedor apaixonado terá, na maioria dos casos, a motivação certa para construir seu negócio com sucesso.

A maioria dos empreendedores se movem muito rápido por causa da paixão que têm pela sua ideia e companhia.

Além disso, alguns empreendedores derivam prazer em saber que têm o que é preciso para colocar sorrisos no rosto das pessoas.

Eles são solucionadores de problemas, e como empreendedor, você deve fazer do seu trabalho sua paixão. A motivação para o sucesso é o que leva à paixão.

Com paixão, um empreendedor pode efetivamente criar novas ideias de negócios ou melhorar um produto já existente.

2.2.2 Coragem.

Assim como todo ser humano com medo, os empreendedores têm medo de falhar em seus objetivos, mas eles não permitem que o medo seja um fator que os impeça de alcançar seus objetivos.

Figura 6 – Coragem.

A maioria dos empreendedores já falhou antes, mas em lugar de recuar, eles usam a falha a seu favor. E, em lugar de parar, eles avançam para ter sucesso.

Eles procuram garantir o sucesso na próxima vez que experimentarem a mesma ideia.

Em outras palavras, o medo do fracasso os motiva a trabalhar mais e alcançar o sucesso em seus objetivos.

Bravura e coragem definem empreendedores. Esses atributos trabalham juntos.

Estar no comando demanda do empreendedor uma grande dose de coragem para assumir qualquer tarefa corretamente sem que ninguém os ajude.

A maioria dos empreendedores dá o seu melhor diante de situações difíceis e isto faz com que a sua confiança seja resultado direto dos resultados obtidos.

2.2.3   Flexibilidade/Adaptabilidade.

A maioria dos empreendedores enfrenta obstáculos, mas, ao contrário de outros, os empreendedores que têm uma levada flexibilidade/adaptabilidade lidam com esses contratempos de forma diferente.

Figura 7 – Flexibilidade no trabalho.

Ter flexibilidade e adaptabilidade impede que eles se sintam desencorajados quando surgem problemas em seu caminho para o sucesso.

Isso faz com que eles mantenham a mente aberta para mudar e estejam mais propensos a ver maneiras de resolver os problemas.

Como resultado, ajudá-los a progredir.

2.2.4 Ética.

A ética é um atributo essencial para os empreendedores. Começar um negócio do zero requer que você trabalhe duro por longas horas.

Vencer por vencer, sem escrúpulos, sem ética, não gera os resultados esperados pelos empreendedores que são realmente bem-sucedidos.

Figura 8 – Ética.

Ele tem em mente que cada decisão tomada deve considerar as necessidades de seus clientes.

Os empreendedores, na maioria dos casos, vivem para seus clientes, assim como os médicos existem por causa de seus pacientes.

2.2.5 Integridade.

Honestidade e veracidade não devem faltar em um empreendedor.

Um empreendedor deve mostrar aos seus clientes que você possui essas qualidades sendo honesto e confiável em seu negócio de lidar com eles.

O negócio em que ele está envolvido não deve impedi-lo de ter integridade.

Se o seu cliente pedir produtos ou serviços, certifique-se de entregá-los da maneira que for necessário.

Isso provará ao seu cliente que você é confiável e confiável.

2.2.6 Abordagem realista.

Os empreendedores veem e aceitam as coisas do jeito que realmente são.

Os empreendedores são ansiosos para saber o estado de um certo problema a cada momento.

Além disso, os empreendedores estão sempre conectados com as notícias porque isso os mantém informados sobre o que precisam saber.

Antes de tomar qualquer decisão, eles fazem pesquisas e análises aprofundadas para determinar sua viabilidade.

2.2.7 Foco no cliente.

Os empreendedores valorizam e respeitam seus clientes. Isso porque eles entendem claramente o papel dos clientes nos negócios. Sem clientes, nenhum negócio pode existir.

Figura 9 – Foco no cliente.

Portanto, eles são sempre orientados para o cliente nos negócios.

2.2.8   Criatividade.

Os empreendedores têm ideias criativas únicas, são inovadores em sua abordagem de pensamento.

Criatividade é um algo mais essencial que é necessário para se construir um negócio de sucesso. Com uma mentalidade criativa, um empreendedor pode transformar um produto já existente em algo único e melhor.

Acima de tudo, paixão e criatividade são chaves para a construção de negócios.

2.2.9   Detalhismo.

Empreendedores de sucesso são muito observadores e alertas. Eles entendem que situações difíceis exigem que eles planejem e desenvolvam várias ideias de negócios.

Figura 10 – Detalhismo.

Eles veem possibilidades mais rapidamente do que os outros e estão sempre alertas para informações e fatos essenciais para o seu negócio.

Os empreendedores examinam todas as possibilidades necessárias para atingir seus objetivos e dedicam sua força para completar uma tarefa imediatamente.

2.2.10 Visão.

A maioria dos empreendedores começa seus negócios porque os considera desafiadores. Assim, eles dão tudo o que é preciso para fazer o negócio funcionar.

Os empreendedores visionários têm uma abordagem correta de como o negócio deve funcionar. Isto permite a eles colocarem os recursos adequados nos lugares certos para que sua visão seja confirmada.

2.2.11 Liderança.

Os empreendedores são excelentes líderes. Eles sabem como liderar as pessoas e seus negócios sem dificuldades.

Figura 11 – Liderança.

Eles são muito bons em unir as pessoas e seus negócios.

Uma boa liderança envolve várias outras atitudes e habilidades tais como a comunicação, ética e coragem. Nos negócios, ela está invariavelmente vinculada ao desempenho, seja lucro ou resultados.

E como disse Harry Truman,

> *"A liderança é a capacidade de conseguir que as pessoas façam o que não querem fazer e gostem de o fazer."*

A verdadeira atitude empreendedora

Figura 12 – Harry S. Truman².

---

² Harry Truman foi o 33º presidente dos Estados Unidos, servindo de 1945 a 1953, após a morte de Franklin D. Roosevelt. Tornou-se chefe de estado durante os últimos meses da Segunda Guerra Mundial e tomou decisões cruciais que influenciaram o cenário global, incluindo o controverso uso de armas nucleares contra o Japão, com a finalidade de encerrar a guerra. Ele também implementou o Plano Marshall para reconstruir a Europa após a guerra e estabeleceu a Doutrina Truman, marcando o início da Guerra Fria com a União Soviética.

2.2.12 Comunicação.

Essa atitude é essencial para que os empreendedores se comuniquem efetivamente com seus clientes e colaboradores.

A comunicação bem-sucedida acontece quando a mensagem é claramente passada e entendida.

Empreendedores com excelente capacidade de se comunicar são propensos a se destacar mais do que aqueles que não possuem esta atitude.

2.2.13 Automotivação.

Assim como a paixão, a automotivação é outro forte fator para o sucesso no empreendedorismo.

É isso que alimenta os esforços que os empreendedores colocam no negócio.

Figura 13 – Automotivação.

Sem motivação, os empreendedores desistirão de suas metas de negócios ao menor toque de desafios e obstáculos.

2.2.14 Consciência de seus limites.

É claro que um empreendedor precisa se esforçar muito para ter sucesso no negócio, mas é necessário estabelecer metas reais e possíveis de serem concretizadas.

A consciência neste caso considera inclusive os limites físicos do empreendedor.

Sem ter estes limites bem definidos será impossível se manter no caminho certo e alcançar o sucesso.

2.2.15 Proficiência técnica.

Habilidades técnicas são muito importantes para se ter como empreendedor.

Pode parecer difícil de conseguir, mas é essencial.

Você pode tirar um tempo e aprender as habilidades necessárias para eficiência e produtividade em seu negócio.

2.2.16 Paciência e Resiliência.

Essas atitudes também são mentalidades e, ao mesmo tempo, atitudes essenciais que a maioria dos empreendedores bem-sucedidos tem.

Eles podem suportar tempos desafiadores e contratempos em seus negócios. Não porque gostam de fracassos, mas porque eles se treinaram para não ceder a situações desafiadoras.

Além disso, eles aprenderam a não permitir que circunstâncias difíceis ao seu redor determinassem seu destino.

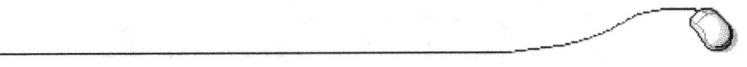

Figura 14 – Resiliência.

No entanto, resiliência e paciência não acontecem da noite para o dia. É preciso prática e compromisso para construir a dureza mental para suportar dificuldades.

No geral, um empreendedor é um líder, criativo, confiável, competente e tem habilidades técnicas etc.

Eles têm mais chance de ter sucesso nos negócios do que aqueles sem esses atributos mencionados acima.

"Esteja sempre pensando em como você pode fazer melhor".

ELON MUSK

3 O EMPREENDEDOR NÃO NASCE PRONTO.

Não existe um caminho único para se tornar um empreendedor de sucesso. Muito disso pode se resumir a ter as habilidades, mentalidade e ideias certas no momento certo para ressoar para o público. No entanto, existem algumas coisas que você pode fazer para aumentar suas chances de iniciar um negócio próspero.

Encontre a ideia certa. Empreender não é apenas encontrar uma ideia lucrativa, trata-se de encontrar uma pela qual você seja apaixonado por perseguir. Quase todos os setores têm espaço para novos empreendedores, e identificar o assunto com o qual você mais se importa pode motivá-lo a permanecer no curso.

Figura 15 – Eis a questão!

Desenvolva um plano para o seu negócio. Não basta dizer que você quer começar um negócio, você também precisa de um plano sólido de como fazê-lo. Um plano de negócios pode ajudar a solidificar as metas financeiras que você deseja alcançar. Ele também pode dizer como alcançá-los enquanto atrai potenciais investidores para financiar seu empreendimento.

Determine sua clientela. Não são muitas as empresas que se tornam bem-sucedidas sem atender clientes. A maioria dos empreendimentos não atrairá todos os membros do público igualmente, mas você pode avaliar o interesse em sua ideia antes de abrir suas portas. Os dados demográficos das pessoas mais interessadas em sua empresa podem ajudar você a tomar outras decisões, como a localização da sua loja e as compras de anúncios.

Venda sua ideia. Mesmo que seu produto ou serviço tenha despertado o interesse de amigos, familiares ou fóruns online, essa é uma amostra pequena. Você precisa ter uma noção do que o público pensa. Divulgar sua ideia nos lugares certos e destacar o que a diferencia dos concorrentes pode ajudar a atrair pessoas para o seu negócio.

Conheça outros em seu campo. Provavelmente, há pessoas em seu setor cuja experiência em determinadas áreas pode beneficiar seu negócio incipiente. Uma rede adequada pode conectá-lo a pessoas de quem você pode obter conhecimento valioso ou obter apoio monetário. Vale a pena seguir as contas comerciais do Instagram para aprender com colegas e especialistas.

3.1 Pensamentos de grandes empresários.

Para ajudá-lo a determinar se você tem o que é preciso, aqui estão 9 pensamentos de grandes empreendedores que trazem as atitudes empreendedoras para mais próximo de nós.

1. O empreendedorismo está no centro do sonho de muitos profissionais. Trata-se de abrir novos caminhos, acreditar em si mesmo, em sua missão e inspirar outras pessoas a acompanhá-lo na jornada. O que diferencia os empreendedores é a vontade, a coragem e, às vezes, a imprudência de realmente fazê-lo.
2. Os empreendedores mais bem-sucedidos são aqueles que possuem garra. São feitos de persistência, paixão e resiliência. É a paixão para atingir

objetivos de longo prazo, a coragem de tentar novamente diante da rejeição e a vontade de fazer algo melhor do que já foi feito antes. Os empreendedores mais bem-sucedidos tendem a ser corajosos... Eles não desistem até que superem seus objetivos. Quando as coisas ficam difíceis e eles são derrubados, os empreendedores corajosos se recuperam e tentam novamente.

3. A capacidade de ouvir, seja as opiniões de clientes ou funcionários, também é essencial para o sucesso. Embora você deva ter confiança para fazer suas próprias escolhas, ainda é incrivelmente importante não se desapegar das pessoas cujas necessidades você está tentando atender.

Figura 16 – Espírito de equipe.

4. Ser um empreendedor de sucesso também significa ser um bom líder. Liderança é a capacidade de levar as pessoas a um lugar onde elas queiram segui-lo, não se sintam forçadas a segui-lo. Isso leva a investir em sua equipe pessoalmente. Eles devem saber que você não apenas irá responsabilizá-los e levá-los a serem melhores, mas também cuidar deles quando estiverem lutando. Não é transacional, é um relacionamento.

5. Ser empreendedor é como entrar em território desconhecido. Raramente é óbvio o que fazer em seguida, e você tem que confiar muito em si mesmo quando se depara com problemas. Há muitos dias em que você sente que as coisas nunca vão dar certo e você está operando com prejuízo por meses intermináveis. Você tem que ser capaz de suportar a montanha-russa de emoções que vem com a luta por conta própria.
6. Os empreendedores precisam ser orientados para as pessoas. Seu negócio vai morrer sem uma boa equipe para apoiá-lo. Estude técnicas de gerenciamento, aprenda com grandes líderes e revise onde você está tendo sucesso e falhando para que possa ajudar os outros a melhorar. Um empreendedor tem que ser capaz de construir uma equipe que se preocupe com seu trabalho e, para isso, você precisa se preocupar em como você cria sua equipe.

Figura 17 – Ideias sem limite.

7. Para ser um empreendedor de sucesso, você precisa de perseverança. A maioria dos empresários ou empreendedores de sucesso nunca desistiu de sua ideia. Quando surgem desafios, eles encontram formas inovadoras de superá-los. Você deve ser capaz de se adaptar às mudanças nas condições econômicas, inovar e adotar os avanços tecnológicos para manter seus

clientes engajados. Essas coisas exigem determinação e um forte foco no objetivo final.

8. Empreendedores de sucesso olham além do óbvio e, em vez disso, olham para o quadro maior para garantir que cada ação feita estejam indo em direção ao objetivo geral do negócio ou conceito, quer isso signifique ou não obter algo em troca naquele momento.

9. Ser empreendedor está enraizado na identidade de cada um. É o culminar de um certo conjunto de características. determinação, criatividade, capacidade de arriscar, liderança e entusiasmo.

3.2   Os empreendedores devem ser capazes de pivotar.

Os empreendedores são muitas vezes celebrados pelo seu tino de negócios e pela coragem de trilhar territórios desconhecidos. O que realmente desafia e define um empreendedor, no entanto, não é apenas a capacidade de lançar uma ideia audaciosa, mas sim a habilidade de se adaptar e evoluir diante de adversidades e mudanças de cenário.

A arte de pivotar – ou seja, a habilidade de alterar fundamentalmente a direção quando o caminho atual se mostra infrutífero – é uma ferramenta vital no cinturão de qualquer negócio ágil.

Insistir em uma estratégia que comprovadamente não está rendendo os resultados esperados é como tentar fazer uma planta crescer sem luz solar – inútil, se não prejudicial. Nesses casos, a persistência cede lugar à inflexibilidade, uma característica que raramente correlaciona-se ao sucesso empresarial. Em contrapartida, a disposição para reavaliar, e, se necessário, reformular abordagens e modelos de negócios, é o verdadeiro poder do empreendedorismo dinâmico.

Pivotar não significa abandonar precipitadamente um plano ao primeiro sinal de desafio; trata-se de uma mudança estratégica informada por feedback do mercado, análises de desempenho e, muitas vezes, pela intuição forjada por experiência.

Esse poder de adaptação faz mais do que apenas evitar o fracasso; ele revela novos caminhos e oportunidades que podem não ter sido inicialmente visíveis.

Ser adaptável implica uma disposição constante para o aprendizado e uma reconhecida humildade que permite ao empreendedor compreender que o mercado é uma entidade em constante mutação.

Diante de qualquer coisa que seja 'jogada' neles – seja uma crise econômica, a emergência de uma tecnologia disruptiva, ou a mudança nos comportamentos e preferências do consumidor – o empreendedor flexível é aquele que consegue se manter de pé, avaliando acuradamente a situação e implementando mudanças rápidas e efetivas.

Figura 18 – Saber o momento de pivotar é crucial para o sucesso.

Para abraçar plenamente a filosofia do pivot, o empreendedor deve estar sempre atento aos sinais do mercado e disposto a questionar suas próprias suposições. Isso exige uma combinação de vigilância e espírito crítico que possa identificar quando uma mudança de rumo não é apenas uma possibilidade, mas uma necessidade.

Em muitos casos, essa decisão pode envolver a exploração de novos produtos, a redefinição do público-alvo, a alteração de canais de venda ou mesmo a transformação completa do modelo de negócio.

A chave para um pivot de sucesso está na capacidade de realizá-lo de maneira sustentável e calculada. Isso significa planejar cuidadosamente a transição, garantindo que os recursos sejam realocados de forma eficiente e que a equipe esteja alinhada e preparada para as mudanças vindouras.

Configurar indicadores de desempenho para monitorar o progresso da nova estratégia também é fundamental para assegurar que o pivot está se movendo na direção desejada.

Contudo, o poder do pivot não reside apenas na mudança estratégica, mas também na mentalidade do empreendedor. Desenvolver uma cultura empresarial que valorize a flexibilidade, a inovação e a resiliência podem transformar um simples ajuste de trajetória em uma propulsão para novos patamares de sucesso.

Cultivar uma mentalidade que encara desafios como oportunidades e falhas como lições, ao invés de derrotas, concede aos empreendedores e suas equipes a confiança necessária para navegar pelas incertezas do empreendedorismo.

Num mundo empresarial cada vez mais veloz e imprevisível, a habilidade de pivotar torna-se uma das qualidades mais essenciais e distintivas do empreendedor de sucesso. Em essência, ser adaptável é reconhecer que a jornada empresarial é um processo de aprendizagem contínuo, onde cada revés é um convite à inovação, e cada mudança, um passo rumo a um futuro mais brilhante e promissor.

O empreendedor que domina o poder do pivot é aquele que, independentemente dos obstáculos, mantém a rota em direção à realização dos seus objetivos e aspirações mais elevados.

Além disso, o ato de pivotar exige do empreendedor não apenas uma visão estratégica, mas também habilidades interpessoais e uma liderança eficaz. A comunicação clara e persuasiva torna-se imprescindível para assegurar que toda a equipe compreenda e embarque na nova direção. O líder deve ser o farol que guia durante períodos de incerteza, transmitindo confiança e mostrando como os novos rumos alinham-se com a visão de longo prazo da empresa.

Empreendedores precisam também desenvolver a capacidade de tomar decisões com agilidade, mas sem precipitação. Avaliar rapidamente os riscos e benefícios, consultar-se com mentores, especialistas da indústria e dados confiáveis são práticas que auxiliam a identificar a hora certa para o pivot, bem como as medidas mais promissoras a serem implementadas.

Dessa maneira, o empreendedor que efetivamente se apropria do poder do pivot navega pelo dinâmico ecossistema empresarial atual não somente como mero participante, mas como um pioneiro capaz de responder, reinventar e reconfigurar sua jornada rumo ao triunfo sustentável e significativo.

"Eu sou bem-sucedido hoje porque tive um amigo que acreditou em mim e eu não tive coragem de decepcioná-lo."

Abraham Lincoln

4 QUANDO SUA EMPRESA É VOCÊ MESMO.

Quando a empresa é a própria pessoa, ou seja, quando se trata da carreira de um indivíduo empreendedor, freelancer, autônomo ou profissional independente, os desafios são muitos e variados.

Gerir a própria carreira como se fosse uma empresa requer habilidades específicas, autonomia, proatividade e capacidade de adaptação diante das mudanças e desafios do mercado de trabalho.

Vamos analisar alguns dos desafios mais comuns enfrentados por quem é responsável pela gestão e direcionamento de sua própria carreira.

1. Autogerenciamento. Em uma empresa tradicional, há gestores, supervisores e líderes que orientam, supervisionam e direcionam as atividades dos colaboradores. No entanto, quando a pessoa é a própria empresa, é necessário desenvolver habilidades de autogerenciamento, como organização do tempo, definição de metas e objetivos, estabelecimento de prioridades e planejamento estratégico. A capacidade de se autogerir de forma eficaz é essencial para alcançar o sucesso na carreira.
2. Incerteza e instabilidade. A carreira de um profissional independente ou empreendedor está sujeita a incertezas e instabilidades, uma vez que não há garantias de emprego contínuo, salário fixo ou benefícios tradicionais. Lidar com a imprevisibilidade do mercado, a variação na demanda por serviços e a falta de segurança no emprego são desafios constantes para quem é a própria empresa.
3. Desenvolvimento de habilidades. Para se manter competitivo e relevante no mercado de trabalho, é fundamental investir constantemente no desenvolvimento de habilidades e competências. Aprender novas tecnologias, aprimorar conhecimentos técnicos, desenvolver habilidades interpessoais e de liderança, e se manter atualizado com as tendências do setor são aspectos essenciais para o sucesso na carreira individual.
4. Networking e marketing pessoal. Construir uma rede de contatos sólida, prospectar novas oportunidades de negócios, promover os serviços e

habilidades pessoais, e desenvolver uma marca pessoal forte são fatores determinantes para o sucesso na carreira individual. O networking e o marketing pessoal desempenham um papel crucial na geração de novas oportunidades, na captação de clientes, na conquista de parcerias estratégicas e na ampliação do alcance profissional.
5. Gestão financeira. Gerir as finanças pessoais e do negócio de forma eficiente é um dos maiores desafios para quem é a própria empresa. É necessário ter controle sobre os custos, definir preços competitivos, elaborar orçamentos, garantir o fluxo de caixa e planejar os investimentos de forma estratégica para garantir a saúde financeira da carreira individual a longo prazo.
6. Equilíbrio entre vida pessoal e profissional. A falta de separação entre vida pessoal e profissional é um desafio comum para quem é responsável pela gestão da própria carreira. A necessidade de estar sempre disponível, de trabalhar em horários flexíveis e de lidar com a pressão constante por resultados pode afetar o equilíbrio entre o trabalho e a vida pessoal, o que pode gerar estresse, exaustão e comprometimento da saúde física e mental.
7. Manutenção da motivação e do foco. Manter a motivação e a disciplina ao longo da jornada profissional pode ser um desafio, principalmente diante dos altos e baixos do mercado de trabalho, das dificuldades e dos obstáculos enfrentados. É fundamental cultivar a autodisciplina, a resiliência e a determinação para superar os momentos difíceis, manter o foco nos objetivos e persistir rumo ao sucesso na carreira individual.
8. Gestão do tempo e das prioridades. Equilibrar as diversas demandas e responsabilidades da carreira individual, como a execução das tarefas do dia a dia, o desenvolvimento de novos projetos, a captação de clientes e a realização de atividades de networking, requer habilidades avançadas de gestão do tempo e das prioridades. Saber identificar o que é mais importante e urgente, definir um cronograma realista e estabelecer metas alcançáveis são aspectos essenciais para otimizar a produtividade e garantir o sucesso na carreira individual.

Gerir a própria carreira como se fosse uma empresa é um desafio complexo que requer habilidades específicas, autonomia, proatividade e capacidade de adaptação. Lidar com a incerteza e a instabilidade do mercado, desenvolver

habilidades constantemente, construir uma rede de contatos sólida, gerir as finanças de forma eficiente, equilibrar a vida pessoal e profissional, manter a motivação e o foco e gerir o tempo e as prioridades são apenas alguns dos desafios enfrentados por quem é responsável pela direção e sucesso de sua própria carreira.

No entanto, ao desenvolver essas habilidades e adotar uma postura de autogestão e liderança, é possível superar os desafios e alcançar o sucesso na carreira individual. Com determinação, perseverança e comprometimento, é possível transformar a carreira pessoal em uma jornada de crescimento, realização e sucesso profissional.

Nesse contexto, há diversos casos de sucesso de indivíduos que souberam gerenciar com maestria suas carreiras, alcançando o reconhecimento profissional, o sucesso financeiro e a realização pessoal. Vamos analisar alguns desses casos inspiradores:

1. Camila Coutinho. A influenciadora digital e empresária brasileira é conhecida por ser uma das pioneiras no marketing de influência no país. Camila Coutinho criou o blog "Garotas Estúpidas" em 2006 e, desde então, construiu uma poderosa marca pessoal, expandindo seu negócio para áreas como moda, beleza, lifestyle e consultoria de estilo. Sua capacidade de empreender, inovar e se adaptar às tendências do mercado a tornaram um dos principais cases de sucesso no mercado digital brasileiro.
2. Cristiano Ronaldo. Embora seja português, o jogador de futebol Cristiano Ronaldo também é um caso de sucesso inspirador no gerenciamento da própria carreira no Brasil. Ronaldo é reconhecido como um dos maiores atletas da história do esporte, conquistando títulos, prêmios e recordes ao longo de sua carreira. Além de seu talento indiscutível como jogador, Ronaldo também investe em negócios próprios, como hotéis, restaurantes e marcas de moda, demonstrando sua visão empreendedora e habilidade em diversificar suas fontes de renda.
3. Elon Musk. O empresário sul-africano é conhecido por ser o fundador e CEO de empresas inovadoras como a Tesla, SpaceX e Neuralink. Musk gerencia sua carreira de forma visionária, apostando em projetos de alto impacto e investindo em tecnologias disruptivas que têm o potencial de transformar o mundo. Sua capacidade de assumir riscos, pensar de forma inovadora e

liderar com determinação é um exemplo inspirador para quem deseja gerenciar com sucesso a própria carreira.

4. J.K. Rowling. A autora da série de livros "Harry Potter" é um exemplo marcante de sucesso no gerenciamento da própria carreira. J.K. Rowling começou sua carreira escrevendo a história do jovem bruxo em cafés de Edimburgo, na Escócia, e enfrentou várias rejeições de editoras antes de ter seu primeiro livro publicado. Com determinação, criatividade e comprometimento, ela construiu um império literário que se tornou uma das franquias mais populares e rentáveis da história.

Figura 19- J.K. Rowling.

5. Luiza Helena Trajano. A empresária brasileira é um dos principais exemplos de sucesso no gerenciamento da carreira no Brasil. Luiza Helena Trajano é presidente do Conselho de Administração do Magazine Luiza e foi fundamental na transformação da empresa em um dos maiores varejistas do país. Sua visão empreendedora, dedicação, comprometimento e capacidade de liderança contribuíram significativamente para o crescimento e sucesso do negócio.

6. Marie Forleo. A empreendedora, autora e apresentadora do canal MarieTV é conhecida por ajudar pessoas a construírem negócios e carreiras de sucesso alinhados com seus valores e propósitos. Marie Forleo construiu uma plataforma multimilionária com base em seu comprometimento com o empoderamento pessoal, a criatividade e a autenticidade. Sua habilidade de gerenciar a própria carreira de forma alinhada com seus valores e paixões é um exemplo inspirador para quem busca sucesso profissional e pessoal.
7. Ricardo Amorim. O economista e empreendedor brasileiro é conhecido por sua atuação como palestrante, consultor e apresentador de programas de televisão. Ricardo Amorim é referência em economia e finanças no país, sendo frequentemente convidado para discutir temas relevantes sobre o mercado financeiro e o cenário econômico brasileiro. Além de sua carreira como economista, Amorim também é empreendedor, investidor e autor de livros, demonstrando sua habilidade em gerenciar com sucesso uma carreira multifacetada e de impacto.

Figura 20 – Ricardo Amorim.

8. Rodrigo Faro. O apresentador e empresário brasileiro é outro exemplo de sucesso no gerenciamento da própria carreira. Rodrigo Faro construiu uma

trajetória sólida na televisão, destacando-se por sua versatilidade, carisma e talento. Além de sua bem-sucedida carreira na mídia, Faro também investe em empreendimentos próprios, diversificando suas fontes de renda e consolidando sua imagem como um profissional de sucesso e respeito.

9. Sara Blakely. A fundadora da empresa de lingerie Spanx é outro exemplo de sucesso no gerenciamento da própria carreira. Com apenas US$ 5.000 de economias e uma ideia inovadora, Sara Blakely revolucionou o mercado de moda íntima feminina e construiu um império bilionário. Sua determinação, visão empreendedora e capacidade de identificar as necessidades do mercado foram fundamentais para o sucesso de sua trajetória profissional.

10. Tim Ferriss. O autor e investidor norte-americano é conhecido por sua abordagem inovadora em relação ao trabalho e carreira. Tim Ferriss é um defensor do conceito de "trabalho remoto" e produtividade eficiente, tendo escrito best-sellers como "Trabalhe 4 Horas por Semana" e "Trabalhe Menos, Produza Mais". Sua capacidade de gerenciar a própria carreira de forma flexível, adaptável e focada em resultados é um exemplo inspirador para quem busca alcançar o sucesso profissional com equilíbrio e eficiência.

Esses são apenas alguns exemplos de casos de sucesso brasileiros no gerenciamento da própria carreira, que demonstram a importância de autogerenciamento, visão estratégica, disciplina e determinação para alcançar o sucesso profissional.

Cada um desses profissionais construiu uma trajetória de excelência e impacto, inspirando outros a seguirem seus passos e a buscarem o desenvolvimento pessoal e profissional.

"A banalidade do mal reside na ausência de pensamento."

Hannah Arendt

5 POR QUE É MAIS FÁCIL SER GERENCIADO DO QUE GERENCIAR?

A frase "Porque é mais fácil ser gerenciado do que gerenciar" levanta questões profundas sobre as dinâmicas de poder, controle e responsabilidade presentes nas relações de liderança e subordinação.

Essa pergunta reflete a percepção de que assumir o papel de liderança e gerenciamento implica em uma série de desafios e responsabilidades que muitas vezes são percebidos como mais complexos e exigentes do que simplesmente seguir as orientações e direcionamentos de um líder ou gestor.

Figura 21 – Gerenciado ou gerenciar?

Ser gerenciado envolve seguir instruções, cumprir prazos e metas estabelecidas, e receber feedback e orientação sobre o trabalho realizado. Nesse papel, o indivíduo pode se sentir mais seguro e confortável, uma vez que não precisa lidar com a pressão de tomar decisões difíceis, enfrentar conflitos, ou assumir a responsabilidade pelo desempenho e resultados de uma equipe ou projeto.

Por outro lado, gerenciar implica em tomar decisões, delegar tarefas, motivar e guiar uma equipe, resolver conflitos, lidar com as demandas e expectativas dos superiores e dos colaboradores, e assumir a responsabilidade pelo sucesso ou fracasso do trabalho realizado.

Essas responsabilidades requerem habilidades de liderança, comunicação, resolução de problemas e gestão do tempo, bem como capacidade de lidar com a pressão, o estresse e a incerteza de forma eficaz.

A dificuldade em assumir o papel de gerente ou líder pode ser atribuída a uma série de fatores, como o medo do fracasso, a falta de confiança nas próprias habilidades e competências, a pressão por resultados, a necessidade de lidar com situações complexas e desafiadoras, e a exposição a críticas e avaliações constantes.

Muitas pessoas preferem evitar essas situações desconfortáveis e optam por seguir as diretrizes e orientações de um superior, mesmo que isso signifique abrir mão da autonomia, da criatividade e do desenvolvimento pessoal e profissional que podem advir do exercício da liderança e do gerenciamento.

No entanto, é importante ressaltar que assumir o papel de gerente implica em inúmeras oportunidades de crescimento, aprendizado e realização. Ser um líder eficaz requer habilidades de comunicação, empatia, tomada de decisão e gestão de conflitos, bem como capacidade de inspirar e motivar os membros da equipe, promover um ambiente de trabalho saudável e produtivo, e alcançar os objetivos e metas organizacionais de forma eficaz.

Apesar dos desafios e responsabilidades do papel de gerente, muitas pessoas encontram grande satisfação e realização ao assumir esse papel, pois ele oferece a oportunidade de influenciar positivamente a vida das pessoas, desenvolver habilidades de liderança e gestão, e contribuir para o crescimento e sucesso da equipe e da organização como um todo. Além disso, ser um bom gerente pode abrir

portas para novas oportunidades de carreira, reconhecimento profissional e crescimento pessoal e profissional.

5.1   Quando ser gerenciado.

A pergunta "Por que é mais fácil ser gerenciado do que gerenciar?" remete a uma reflexão profunda sobre as dinâmicas de poder, autoridade e responsabilidade nas relações sociais e organizacionais, sob a perspectiva da filosofia e da obra de Hannah Arendt, em especial considerando seu livro "Eichmann em Jerusalém. A Banalidade do Mal", que aborda questões éticas e políticas relacionadas aos regimes totalitários e aos atos de banalidade que permitiram a ocorrência do Holocausto.

Figura 22 – Hannah Arendt.

A partir do ponto de vista de Arendt, a noção de banalidade do mal se refere à capacidade das pessoas de cometer atos terríveis e desumanos de forma passiva, sem pensar criticamente sobre as consequências de suas ações, seguindo simplesmente ordens e diretrizes de autoridades superiores, sem questionar ou refletir sobre a moralidade e a ética envolvidas.

Nesse contexto, ser gerenciado pode representar a adesão acrítica a uma autoridade superior, a aceitação passiva de ordens e diretrizes, e a falta de engajamento crítico e responsabilidade pessoal sobre as consequências de suas ações.

Arendt destaca a importância da responsabilidade individual e da capacidade de pensar criticamente e agir de forma autônoma perante situações complexas e desafiadoras. Ser gerenciado, nesse sentido, pode ser mais fácil do que gerenciar, pois envolve seguir instruções, cumprir normas e regras estabelecidas, e abdicar, em certa medida, da autonomia e da liberdade de pensamento e ação que são essenciais para assumir o papel de líder e gestor.

Assumir o papel de gerente implica em tomar decisões difíceis, lidar com conflitos, responsabilizar-se pelo desempenho e resultados de uma equipe, e enfrentar as incertezas e desafios inerentes ao exercício da liderança. Essas responsabilidades exigem capacidades como pensamento crítico, ética, comunicação eficaz, empatia e tomada de decisões ponderadas, que podem ser bastante complexas e desafiadoras de serem desenvolvidas e exercidas de forma eficaz.

5.2   A banalidade do mal.

No contexto da banalidade do mal, a questão sobre ser gerenciado ou gerenciar também remete à dimensão ética e moral das relações de poder e autoridade. A ideia de seguir cegamente ordens e diretrizes de uma autoridade superior, sem questionar ou refletir sobre a justiça e a moralidade de tais ações, pode levar a situações em que a pessoa se torna um mero instrumento nas mãos de uma estrutura de poder opressiva e desumana, contribuindo para a perpetuação de injustiças e atrocidades.

Arendt destaca a importância da responsabilidade individual e da capacidade de agir de forma autônoma e consciente, assumindo a responsabilidade por suas escolhas e ações, e resistindo à conformidade e à submissão passiva diante de autoridades arbitrárias e tirânicas. Nesse sentido, ser gerenciado pode representar um estado de alienação e anulação da responsabilidade individual, enquanto gerenciar implica em assumir a própria agência e autonomia, e agir de forma ética e responsável diante das demandas e desafios do mundo contemporâneo.

Assim, ao atravessar as reflexões de Hannah Arendt sobre a banalidade do mal e as questões éticas e políticas envolvidas na submissão passiva às ordens de uma autoridade superior, a pergunta sobre a facilidade de ser gerenciado em relação ao desafio de gerenciar adquire uma dimensão mais profunda e complexa.

Ser gerenciado pode representar uma forma de evasão da responsabilidade e da autonomia, uma aceitação passiva das estruturas de poder estabelecidas, enquanto gerenciar implica em assumir a própria agência, pensar criticamente, agir de forma ética e responsável, e assumir as consequências de suas ações e escolhas.

Dessa forma, a pergunta sobre por que é mais fácil ser gerenciado do que gerenciar, à luz da filosofia de Hannah Arendt e da sua reflexão sobre a banalidade do mal, nos convida a refletir sobre as complexas dinâmicas de poder, autoridade e responsabilidade que permeiam as relações humanas e organizacionais, e sobre a importância da autonomia, do pensamento crítico e da ação ética e responsável como fundamentos da construção de uma sociedade mais justa, livre e democrática.

Através da leitura e reflexão sobre obras como "Eichmann em Jerusalém. A Banalidade do Mal", somos desafiados a questionar as estruturas de poder e autoridade que moldam nossas vidas, a assumir uma postura crítica e ativa diante das injustiças e opressões do mundo contemporâneo, e a buscar formas de agir de forma ética e responsável, resistindo à conformidade e à submissão passiva às ordens e diretrizes de autoridades arbitrárias e desumanas.

Assim, ao nos depararmos com a questão sobre a facilidade de ser gerenciado em relação ao desafio de gerenciar, é importante considerar os ensinamentos e

reflexões da filosofia de Hannah Arendt, que nos convida a pensar sobre as complexas relações de poder, responsabilidade e autonomia que permeiam as interações sociais e organizacionais.

Ser gerenciado pode representar uma forma de alienação e anulação da responsabilidade individual, enquanto gerenciar implica em assumir a própria agência, agir de forma consciente e ética, e resistir às pressões e injustiças do mundo contemporâneo, em busca de uma vida mais autêntica, significativa e digna de ser vivida.

"As soft skills, tais como empatia, comunicação e adaptabilidade, pavimentam o caminho do empreendedor pessoal para o sucesso, pois liderança não é apenas o que fazemos, mas como nos relacionamos com os outros em nosso caminho."

Simon Sinek[3]

---

[3] Autor conhecido por seus trabalhos sobre liderança e motivação

6 SOFT SKILLS NECESSÁRIAS PARA TER A GESTÃO DA SUA VIDA.

Para ser responsável por sua vida profissional, é fundamental possuir uma série de "soft skills" ou habilidades comportamentais que vão além do conhecimento técnico e das habilidades específicas relacionadas ao trabalho.

Essas habilidades são essenciais para gerenciar de forma eficaz sua carreira, lidar com desafios e alcançar seus objetivos profissionais. Aqui estão algumas das principais soft skills necessárias para assumir a responsabilidade pela sua vida profissional.

6.1 Autogestão.

A gestão eficaz do tempo e dos recursos é fundamental no ambiente profissional. Como afirmou Peter Drucker, considerado o pai da administração moderna, "A eficiência é fazer as coisas certas; a eficácia é fazer as coisas certas".

Figura 23 – Autogestão.

Isso implica em estabelecer metas claras e prioritárias, como destacado por Stephen Covey em seu livro "Os 7 Hábitos das Pessoas Altamente Eficazes". "Comece com o fim em mente".

Ao priorizar tarefas e organizar o trabalho de acordo com essas metas, é possível atingir resultados de alta qualidade, como defendido por Brian Tracy, renomado autor e palestrante de desenvolvimento pessoal, que enfatiza. "O sucesso é alcançado dobrando os seus esforços, não reduzindo os seus objetivos".

Manter o foco no que é realmente importante é essencial para evitar desperdício de tempo e energia. Como mencionado por Jim Rohn, autor e empresário famoso por seus ensinamentos de liderança e autoaperfeiçoamento, "Sucesso é fazer o que você quer, quando quiser, onde quiser, com quem quiser, pelo tempo que quiser".

A capacidade de gerenciar seu tempo, energia e recursos de forma eficaz e eficiente é um diferencial importante para alcançar o sucesso profissional.

6.2   Proatividade.

A capacidade de ser proativo em sua carreira, como destacado por renomados pensadores da administração, é crucial para o sucesso profissional. Stephen Covey, autor de "Os 7 Hábitos das Pessoas Altamente Eficazes", ressalta que "talento é um dom, mas habilidade é uma escolha. Seja proativo". Essa afirmação reforça a importância de assumir a responsabilidade e agir proativamente para alcançar seus objetivos.

Peter Drucker, considerado o pai da administração moderna, também aborda a importância da proatividade ao afirmar que "o melhor modo de prever o futuro é criá-lo". Ou seja, ao tomar a iniciativa e agir orientado para o crescimento e a melhoria contínua, você tem o poder de moldar seu próprio destino profissional.

Buscar constantemente oportunidades de crescimento e desenvolvimento é fundamental para se manter relevante no mercado de trabalho em constante transformação. Como defendido por Warren Bennis, renomado teórico da liderança, "A única coisa segura sobre o futuro é que ele será diferente. Esteja

aberto e pronto para crescer e evoluir". Isso ressalta a importância de ser proativo na busca por feedback, aprendizado constante e aprimoramento de suas habilidades e conhecimentos.

Assumir a iniciativa em sua carreira, em vez de aguardar passivamente por oportunidades, é essencial para alcançar o sucesso e realizar seu potencial máximo. Como citado por Brian Tracy, renomado autor e palestrante de desenvolvimento pessoal, "A única coisa que separa você do que deseja na vida é a vontade de tentar e a fé de que é possível alcançar". Portanto, ser proativo é mais do que uma atitude, é uma mentalidade que impulsiona a excelência e possibilita o crescimento profissional e pessoal de forma contínua e significativa.

6.3   Resiliência.

A resiliência, como destacado por renomados pensadores da administração, desempenha um papel fundamental na capacidade de lidar com a pressão, o estresse e os desafios de forma construtiva e positiva. Em suas palavras, o renomado autor e palestrante Tony Robbins enfatiza que "A verdadeira medida de sucesso é como você lida com o fracasso." Isso reflete a importância de ser resiliente e aprender com as adversidades, transformando desafios em oportunidades de crescimento.

Figura 24 – Resiliência.

Peter Drucker, considerado um dos maiores pensadores da administração, também aborda a resiliência em seu trabalho, ao afirmar que "a melhor maneira de prever o futuro é criá-lo."

Essa perspectiva ressalta a importância de se adaptar a mudanças, superar obstáculos e manter uma postura positiva diante das dificuldades, como parte essencial do processo de construção de um futuro profissional de sucesso.

Outro pensador influente, Stephen Covey, autor do livro "Os 7 Hábitos das Pessoas Altamente Eficazes," destaca a importância de adotar uma mentalidade proativa na superação de desafios. De acordo com Covey, "Você é o criador da sua própria realidade." Essa afirmação ressalta o poder da resiliência e da atitude positiva em moldar o caminho para o sucesso, mesmo em face de situações adversas.

Figura 25 - Stephen Covey

A resiliência não se limita a superar dificuldades momentâneas, mas sim a cultivar uma capacidade contínua de adaptação e superação. Como citado por John Maxwell, autor e especialista em liderança, "A resiliência não é apenas ter a capacidade de se recuperar de um obstáculo, mas também de evoluir, adaptar-se e mudar em face das adversidades."

Portanto, ser resiliente é mais do que simplesmente resistir às adversidades, é caminhar em direção ao crescimento e transformação pessoal e profissional.

6.4   Comunicação eficaz.

A habilidade de se expressar de forma clara, assertiva e confiante é amplamente reconhecida como fundamental para assumir a responsabilidade por sua vida profissional. Renomados pensadores da administração enfatizam a importância da comunicação eficaz como uma competência-chave no ambiente de trabalho.

Figura 26 – Componentes da comunicação eficaz.

Como citado por Peter Drucker, conhecido como o pai da administração moderna, "A comunicação é a essência da gestão." Essa afirmação destaca o papel crucial que a comunicação desempenha na interação dentro de uma organização, ressaltando a importância de transmitir mensagens de forma clara e assertiva para alcançar resultados positivos.

Covey enfatiza a importância de "Primeiro buscar entender, depois ser entendido", destacando a necessidade de ouvir atentamente e se comunicar de maneira clara e assertiva para estabelecer relacionamentos sólidos e produtivos.

De acordo com Dale Carnegie, autor de renome na área de desenvolvimento pessoal e relações interpessoais, "A linguagem é uma veste para ação." Essa citação ressalta a importância de utilizar a comunicação como uma ferramenta para expressar suas ideias, necessidades e expectativas de maneira eficaz, influenciando positivamente a forma como você é percebido e como suas mensagens são recebidas.

Figura 27 - Dale Carnegie.

Portanto, ao desenvolver a habilidade de se comunicar de forma clara, assertiva e confiante, você fortalecerá suas relações profissionais, resolvendo conflitos de maneira construtiva e colaborando de maneira produtiva com colegas e superiores. Assumir a responsabilidade por sua vida profissional inclui aprimorar a comunicação eficaz como uma ferramenta essencial para o sucesso e o desenvolvimento contínuo em sua carreira.

6.5 Pensamento crítico.

A habilidade de análise de informações, avaliação de opções, tomada de decisões fundamentadas e resolução eficaz de problemas é essencial para assumir a responsabilidade por sua vida profissional. Renomados pensadores da administração destacam a importância do pensamento crítico como uma competência crucial para o sucesso no ambiente corporativo.

Peter Drucker, conhecido como o guru da gestão moderna, ressaltou a relevância do pensamento crítico ao afirmar que "a administração é fazer as coisas certas; a liderança é fazer coisas certas". Essa citação destaca a necessidade de analisar com discernimento as situações, identificar soluções eficazes e tomar decisões informadas para alcançar os resultados desejados.

Tomar decisões fundamentadas e resolver problemas de maneira eficaz requer a capacidade de avaliar informações de forma objetiva. Como salientado por Warren Bennis, um renomado autor e especialista em liderança, "Líderes bem-sucedidos se adaptam mudanças inesperadas e se antecipam aos desafios". Isso ressalta a importância de desenvolver habilidades de pensamento crítico para lidar com a ambiguidade e a incerteza com sabedoria.

A capacidade de identificar soluções criativas também é uma competência valiosa do pensamento crítico. Stephen Covey, autor de renome e especialista em eficácia pessoal, enfatizou a importância de "começar com o fim em mente". Essa abordagem ressalta a necessidade de visualizar os resultados desejados e encontrar caminhos inovadores para alcançá-los por meio de uma análise cuidadosa e imparcial.

Figura 28 – Peter Drucker

Ao cultivar o pensamento crítico, você estará capacitado a analisar com clareza, avaliar com objetividade e tomar decisões fundamentadas em sua vida profissional. Assumir a responsabilidade por sua carreira requer o desenvolvimento contínuo dessa habilidade, a fim de enfrentar os desafios com confiança, identificar oportunidades de crescimento e alcançar seus objetivos de forma consistente e eficaz.

6.6 Empatia e inteligência emocional.

A capacidade de compreender e gerenciar as emoções, tanto as suas quanto as dos outros, é uma competência essencial para assumir a responsabilidade por sua vida profissional. Reconhecidos pensadores da administração enfatizam a importância da inteligência emocional e da empatia no ambiente de trabalho, como base fundamental para estabelecer relacionamentos significativos e promover um ambiente colaborativo e empático.

Daniel Goleman, autor e psicólogo renomado, popularizou o conceito de inteligência emocional, destacando-a como crucial para o sucesso na vida profissional e pessoal.

Goleman ressalta que "a empatia é uma das maiores habilidades emocionais e sociais que cada um de nós possui. É o que nos permite compartilhar sinceramente a alegria e a dor das outras pessoas." Essa citação sublinha a importância da empatia na construção de conexões autênticas e relacionamentos saudáveis no ambiente de trabalho.

Figura 29 – Daniel Goleman.

Por outro lado, Adam Grant, especialista em psicologia organizacional, destaca a importância da empatia para liderança eficaz. Grant afirma que "a empatia é sobre liderar com a compreensão. É sobre perceber a situação do ponto de vista do outro, mostrando solidariedade e encorajamento."

Essa perspectiva sublinha o papel crucial da empatia na influência positiva sobre os outros e na promoção de um ambiente de trabalho produtivo e harmonioso.

Gerenciar suas próprias emoções e expressá-las de forma adequada é uma parte essencial da inteligência emocional. Como afirmado por Brené Brown, pesquisadora e autora de best-sellers, "A vulnerabilidade é a base de todas as emoções e sentimentos."

Figura 30 – Empatia.

Isso ressalta a importância de expressar autenticidade e vulnerabilidade para estabelecer conexões genuínas e fomentar um ambiente de trabalho saudável e inclusivo.

Ao desenvolver a inteligência emocional e cultivar a empatia, você fortalecerá suas habilidades de liderança, aprimorando seus relacionamentos interpessoais e contribuindo para um ambiente de trabalho positivo e colaborativo.

Assumir a responsabilidade por sua vida profissional requer a prática contínua dessas habilidades, a fim de promover um clima organizacional saudável e produtivo.

Reconhecer as próprias emoções, bem como as dos outros, contribui para uma comunicação mais eficaz, resolução construtiva de conflitos e para o fortalecimento dos laços de confiança e cooperação no ambiente de trabalho.

Além disso, a inteligência emocional e a empatia são fundamentais para lidar com o estresse, a pressão e as situações desafiadoras que fazem parte do cotidiano profissional.

Como pontuado por David Caruso, psicólogo e pesquisador renomado, "Inteligência emocional não é uma panaceia. Inteligência emocional é sobre compreender as emoções e as influências humanas."

Figura 31 – David Caruso.

Isso destaca a importância de desenvolver a capacidade de lidar com as emoções de maneira positiva e construtiva, mesmo diante de cenários complexos e exigentes.

Assumir a responsabilidade por sua vida profissional envolve, portanto, o compromisso de aprimorar sua inteligência emocional e sua empatia, a fim de liderar com compaixão, influenciar de forma positiva as pessoas ao seu redor e contribuir para um ambiente de trabalho inclusivo e motivador.

Ao cultivar essas habilidades, você estará não apenas fortalecendo sua capacidade de liderança e colaboração, mas também construindo relacionamentos genuínos e significativos que impulsionam o crescimento e o sucesso em sua trajetória profissional.

6.7   Adaptabilidade.

A habilidade de se adaptar a ambientes de trabalho em constante mudança é considerada essencial por renomados pensadores da administração. Em uma era de transformações aceleradas, a adaptabilidade torna-se um diferencial para o sucesso profissional e a capacidade de assumir responsabilidades em diferentes contextos.

Um dos especialistas em gestão de mudanças, John Kotter, destaca a importância da adaptabilidade ao afirmar que "os vencedores são aqueles que são capazes de se adaptar numa era de mudanças constantes".

Essa citação ressalta a necessidade de permanecer flexível e aberto a novas possibilidades para enfrentar os desafios e aproveitar as oportunidades que surgem no ambiente corporativo.

O renomado autor e palestrante Brian Tracy também enfatiza a relevância da adaptabilidade, ao afirmar que "a única constante na vida é a mudança".

Figura 32 – John Kotter

Figura 33 – Brian Tracy.

Essa constatação reflete a realidade do mundo dos negócios, onde a capacidade de aprender novas habilidades, ajustar-se a novas realidades e inovar torna-se essencial para se manter relevante e competitivo.

Desenvolver a capacidade de se adaptar rapidamente a novas situações não apenas permite lidar com os desafios imediatos, mas também possibilita aproveitar oportunidades de crescimento e evolução profissional.

Como destaca Charles Darwin, "não é o mais forte que sobrevive, nem o mais inteligente, mas o que melhor se adapta às mudanças". Essa máxima ressalta a importância da adaptabilidade como chave para a sobrevivência e o êxito no ambiente empresarial em constante transformação.

Figura 34 – Adaptabilidade.

Assumir a responsabilidade por sua vida profissional inclui o comprometimento em desenvolver a habilidade de se adaptar, aprender continuamente e ajustar-se às mudanças de forma ágil e assertiva. Ao cultivar a adaptabilidade, você estará preparado para enfrentar os desafios do mundo corporativo e alavancar sua carreira de forma proativa e bem-sucedida.

6.8 Liderança.

A importância das habilidades de liderança, mesmo fora de cargos de gestão formal, é destacada por renomados pensadores da administração. A capacidade de influenciar, inspirar, colaborar em equipe, resolver conflitos e tomar decisões impacta diretamente no progresso e sucesso da carreira profissional.

Warren Bennis, considerado um dos maiores estudiosos de liderança, ressalta que "A capacidade de liderar é influenciar. A capacidade de influenciar é liderar." Essa afirmação destaca a essência da liderança. a capacidade de inspirar e motivar os outros a alcançarem objetivos comuns, independentemente do cargo ocupado.

Figura 35 – Liderança.

Simon Sinek, autor e palestrante renomado, destaca a importância da colaboração e resolução de conflitos para uma liderança eficaz. Sinek afirma que "A confiança e a colaboração são as chaves para uma equipe eficaz." Essa perspectiva enfatiza a necessidade de construir relacionamentos sólidos, baseados na confiança e no trabalho em equipe, para obter resultados de sucesso no ambiente profissional.

Tomar decisões corretas em benefício do grupo também é uma habilidade essencial para liderar eficazmente, independentemente da posição hierárquica. Como citado por Dwight D. Eisenhower, "As melhores decisões não são necessariamente as mais fáceis." Essa citação destaca a importância de considerar o bem-estar do grupo e tomar decisões estratégicas, mesmo diante de desafios e dilemas complexos.

Assumir a responsabilidade por sua trajetória profissional inclui o comprometimento em desenvolver habilidades de liderança, independentemente do cargo ocupado. Ao cultivar a capacidade de influenciar, inspirar, colaborar e tomar decisões em benefício do grupo, você estará não apenas progredindo em sua carreira, mas também contribuindo para promover um ambiente de trabalho colaborativo e motivador para todos.

6.9 Honestidade e Integridade.

Agir com ética e transparência em todas as interações profissionais é um princípio fundamental amplamente destacado por renomados pensadores da administração. A construção de uma reputação sólida e confiável baseia-se na honestidade, integridade e compromisso com valores éticos, os quais são essenciais para o sucesso e a excelência no ambiente de trabalho.

Peter Drucker, considerado o pai da administração moderna, ressalta a importância da ética nos negócios ao afirmar que "Qualquer organização não é apenas uma estrutura de negócios; é, antes de tudo, uma estrutura ética." Essa afirmação destaca o papel central da ética e da integridade na construção de relacionamentos de confiança e na promoção de um ambiente profissional saudável e ético.

Um dos especialistas em liderança e gestão, Stephen Covey, também enfatiza a relevância da integridade nas interações profissionais. Covey defende que "A mente é um jardim em que se plantam valores." Isso ilustra a importância de cultivar valores éticos, como a honestidade e a transparência, para garantir a credibilidade e a confiança nas relações pessoais e profissionais.

Além disso, Mahatma Gandhi, líder pacifista e exemplo de conduta ética, ressalta a importância de manter a integridade em todas as circunstâncias. Gandhi afirmou que "A verdade nunca é errada, mesmo que pareça totalmente impraticável." Essa citação evidencia a necessidade de manter a coerência entre palavras e ações, agindo sempre com honestidade e transparência, mesmo diante de desafios e pressões.

Assumir a responsabilidade por sua conduta ética e demonstrar integridade em suas interações profissionais não apenas fortalece sua reputação, mas também constrói alicerce para relacionamentos de confiança duradoura. Ao adotar princípios éticos, você estará não apenas promovendo um ambiente de trabalho ético e produtivo, mas também inspirando respeito e admiração pela sua postura íntegra e transparente no mundo corporativo.

6.10   Resolução de problemas.

A habilidade de identificar, analisar e encontrar soluções eficazes para os desafios que surgem ao longo da carreira é considerada uma competência valiosa e amplamente reconhecida por renomados pensadores da administração. A capacidade de pensar de forma criativa, colaborar efetivamente e implementar soluções práticas e viáveis é essencial para superar os obstáculos e alcançar o sucesso profissional.

Uma das autoras mais influentes na área da criatividade, Mihaly Csikszentmihalyi, destaca a importância da criatividade na resolução de problemas complexos. Csikszentmihalyi afirma que "A criatividade resulta de uma ininterrupta série de resolução de problemas." Isso sublinha a necessidade de pensar de forma inovadora e encontrar soluções originais para se destacar no ambiente corporativo em constante evolução.

Além disso, o renomado consultor em gestão Peter Drucker enfatiza a colaboração como uma competência essencial para o sucesso profissional. Drucker afirma que

"Colaboração é a capacidade de reconhecer a diferença entre interdependência e dependência, e de gerar respeito por essa diferença." Dessa forma, a capacidade de trabalhar em equipe de forma colaborativa e respeitosa é fundamental para a resolução eficaz de desafios e para o alcance de resultados positivos.

Henry Mintzberg, renomado teórico da gestão, destaca a importância da implementação prática das soluções encontradas. Mintzberg afirma que "Planejar é divertido, mas o trivial é crucial." Essa citação ressalta a importância de traduzir ideias criativas em ações concretas e viáveis, de forma a enfrentar os desafios do dia a dia e atingir os objetivos propostos.

Assumir a responsabilidade por sua capacidade de identificar, analisar e resolver desafios ao longo da carreira envolve o compromisso com a criatividade, a colaboração e a implementação de soluções práticas. Ao cultivar essas habilidades, você estará preparado para enfrentar os obstáculos com confiança, encontrar oportunidades de crescimento e estabelecer um diferencial competitivo no mercado de trabalho.

Desenvolver a capacidade de pensar de forma criativa, trabalhar de forma colaborativa e implementar soluções eficazes não só fortalece suas habilidades profissionais, mas também demonstra sua proatividade e capacidade de adaptação às mudanças e desafios do ambiente de trabalho atual.

Ao investir no aprimoramento dessas competências, você estará se preparando para enfrentar os desafios cada vez mais complexos e dinâmicos do mundo empresarial, contribuindo para o crescimento e sucesso em sua jornada profissional. A capacidade de identificar e solucionar desafios de forma eficaz é um diferencial valorizado pelas organizações e essencial para se destacar e progredir em sua carreira.

6.11   Colaboração.

A capacidade de trabalhar de forma eficaz em equipe, colaborando com colegas, superiores e clientes para atingir objetivos comuns, é fundamental para o sucesso individual e organizacional.

Ser colaborativo implica em diversos aspectos, como ouvir ativamente, contribuir com ideias construtivas, compartilhar conhecimento e habilidades, e respeitar as opiniões e contribuições dos outros. A colaboração é essencial para promover um ambiente de trabalho harmonioso, estimular a inovação e alcançar resultados excepcionais.

Renomados estudiosos da administração, como Patrick Lencioni, destacam a importância da colaboração e do trabalho em equipe para o sucesso organizacional. Lencioni afirma que "O trabalho em equipe é a capacidade de trabalhar juntos em direção a uma visão comum.

É a habilidade de direcionar as realizações individuais em direção aos objetivos da organização." Essa perspectiva ressalta a importância de unir esforços em prol de um propósito compartilhado, superando desafios e alcançando resultados significativos.

Figura 36 – Colaboração.

Peter Senge, autor renomado no campo da aprendizagem organizacional, ressalta que "As organizações aprendem somente através de indivíduos que aprendem. O aprendizado individual deixa de ser útil, resulta em uma equipe de aprendizagem." Essa afirmação sublinha a importância da colaboração e da troca de conhecimento entre os membros da equipe para fomentar a inovação, a criatividade e o desenvolvimento coletivo.

Assumir a responsabilidade por ser um colaborador eficaz envolve o compromisso em contribuir de maneira positiva e construtiva para o sucesso coletivo. Ao cultivar habilidades de comunicação, empatia e respeito mútuo, você fortalecerá suas relações interprofissionais, promovendo um ambiente de trabalho colaborativo e participativo, e impulsionando a excelência e a inovação na realização de projetos e metas organizacionais.

> *A colaboração é um pilar essencial para o crescimento e a prosperidade a longo prazo tanto para indivíduos quanto para as organizações.*

6.12   Comunicação não verbal.

A comunicação não verbal desempenha um papel significativo na interação humana e é fundamental para uma comunicação eficaz no ambiente de trabalho. Além da comunicação verbal, a capacidade de entender e interpretar a linguagem corporal, expressões faciais e gestos é essencial para estabelecer vínculos, transmitir emoções e mensagens sutis, e fortalecer relacionamentos profissionais.

Renomados especialistas em comunicação, como Albert Mehrabian, destacam que a maior parte da comunicação humana é não verbal, composta por elementos como tom de voz, gestos, postura e expressões faciais.

Mehrabian desenvolveu a chamada "Regra dos 7-38-55", na qual afirma que apenas 7% da comunicação é baseada nas palavras, enquanto 38% é baseada no tom de voz e 55% na linguagem corporal. Isso ilustra a relevância da comunicação não verbal na transmissão de mensagens e na interpretação correta das intenções comunicativas.

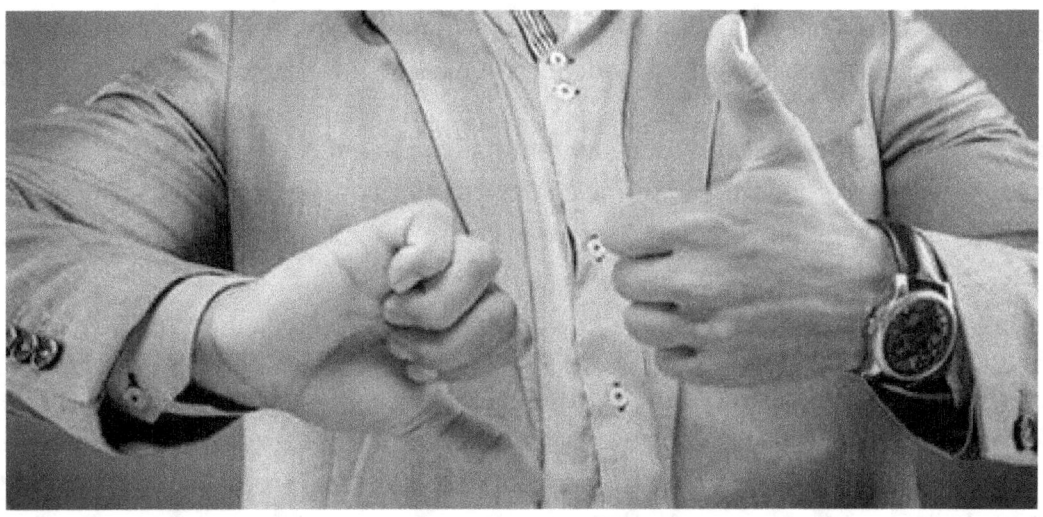

Figura 37 – Comunicação não verbal.

A habilidade de compreender a linguagem corporal e as expressões não verbais dos outros é essencial para a interpretação correta das mensagens, o estabelecimento de empatia e a construção de relacionamentos de confiança no ambiente de trabalho.

Gestos como manter contato visual, sorrir, adotar uma postura aberta e utilizar expressões faciais adequadas podem transmitir confiança, empatia, comprometimento e assertividade, impactando positivamente a percepção e a interação com os colegas, superiores e clientes.

Assumir a responsabilidade por aprimorar sua capacidade de interpretar e utilizar a comunicação não verbal de forma eficaz envolve o compromisso em desenvolver a sensibilidade, a empatia e a atenção aos detalhes nas interações profissionais.

Ao reconhecer a importância da linguagem corporal e das expressões faciais na comunicação, você fortalecerá suas habilidades de comunicação, aprimorando sua capacidade de se conectar com os outros e construindo relacionamentos sólidos e produtivos no ambiente de trabalho.

A comunicação não verbal é uma poderosa ferramenta para transmitir mensagens, estabelecendo rapport e fortalecendo a comunicação interpessoal.

Ao compreender e utilizar adequadamente a linguagem corporal e as expressões não verbais, você poderá transmitir confiança, empatia, respeito e assertividade, contribuindo para um ambiente de trabalho mais colaborativo, harmonioso e produtivo.

Além disso, a comunicação não verbal desempenha um papel crucial na resolução de conflitos, na negociação de acordos e na liderança de equipes. A capacidade de ler as emoções e intenções por trás das expressões faciais e gestos pode ajudar a identificar mal-entendidos, criar conexões mais profundas e promover um ambiente de trabalho mais inclusivo e acolhedor.

Assim, assumir a responsabilidade por aprimorar suas habilidades de comunicação não verbal é essencial para o desenvolvimento profissional e pessoal. Ao reconhecer a importância da linguagem corporal e das expressões não verbais na interação humana, você investirá no fortalecimento de suas relações interpessoais, na melhoria da comunicação e na construção de um ambiente de trabalho mais positivo e eficaz.

A comunicação não verbal é uma ferramenta poderosa que, quando utilizada adequadamente, pode abrir portas para o crescimento e o sucesso em sua carreira profissional.

6.13   Persuasão.

A capacidade de influenciar e persuadir de maneira ética e convincente é uma habilidade essencial e altamente valorizada em qualquer carreira. A persuasão envolve apresentar argumentos sólidos, adaptar a comunicação ao público-alvo, lidar com objeções e resistências, e criar conexões emocionais e lógicas para obter o apoio e a colaboração necessários para alcançar metas e objetivos.

Renomados pensadores da comunicação e da persuasão, como Robert Cialdini, destacam a importância de princípios como a reciprocidade, a autoridade, a

escassez, a consistência, o compromisso e a aprovação social na habilidade de influenciar e persuadir os outros de maneira eficaz. Ao compreender esses princípios e aplicá-los de forma ética, é possível aumentar a sua capacidade de influência e persuasão em diversas situações profissionais.

A persuasão ética envolve a construção de argumentos sólidos e convincentes, embasados em fatos e evidências, para conquistar a confiança e a credibilidade do público-alvo. Além disso, adaptar a comunicação ao perfil e às necessidades dos interlocutores, lidar de forma empática e respeitosa com objeções e resistências, e criar conexões emocionais e lógicas são estratégias fundamentais para promover a persuasão de maneira eficaz.

Assumir a responsabilidade por desenvolver e aprimorar suas habilidades de influência e persuasão é fundamental para o sucesso profissional e pessoal. Ao cultivar a capacidade de apresentar argumentos convincentes, adaptar a comunicação de forma estratégica e criar conexões significativas com os outros, você fortalecerá sua capacidade de influenciar positivamente decisões, ações e colaborações no ambiente de trabalho e além.

A persuasão ética é uma ferramenta poderosa que, quando utilizada com integridade e habilidade, pode abrir portas para novas oportunidades e contribuir para o crescimento e o progresso em sua carreira.

6.14   Pensamento criativo.

A capacidade de pensar de forma inovadora, gerar ideias originais e resolver problemas de maneira criativa é, de fato, essencial para se destacar e se sobressair no ambiente de trabalho atual. O pensamento criativo vai além da forma tradicional de abordar problemas e desafios, incentivando a busca por soluções não convencionais, a geração de novas oportunidades e a criação de valor tanto para a organização como para o próprio indivíduo.

Renomados estudiosos da inovação, como Steve Jobs e Elon Musk, destacam a importância do pensamento criativo e da busca por soluções originais e disruptivas. Jobs afirmava que "Ser criativo significa pensar de forma diferente, se colocar em

destaque e sair da caixa", enquanto Musk, conhecido por suas ideias visionárias e projetos inovadores, enfatiza a importância de buscar soluções inovadoras e desafiadoras para os problemas mais complexos.

O pensamento criativo não se restringe apenas a áreas como arte e design, mas é um diferencial valioso em todas as disciplinas e setores profissionais. Ele estimula a capacidade de enxergar além do óbvio, de conectar ideias aparentemente desconexas e de encontrar soluções inovadoras para desafios e problemas do cotidiano.

Assumir a responsabilidade por desenvolver e cultivar a habilidade de pensamento criativo envolve a disposição para explorar novas ideias, questionar o status quo e experimentar novas abordagens. Ao investir na sua capacidade de inovar e de gerar ideias originais, você estará não apenas se destacando no ambiente de trabalho, mas também contribuindo para a diferenciação e o progresso pessoal e profissional.

O pensamento criativo é uma ferramenta poderosa que pode impulsionar a sua carreira, promover a inovação e gerar impacto positivo em sua trajetória profissional.

6.15   Gestão de conflitos.

Saber lidar com conflitos de forma construtiva é uma habilidade crucial no ambiente de trabalho, onde a interação entre pessoas pode levar a desentendimentos e divergências.

Assumir a responsabilidade por gerenciar conflitos de maneira eficaz envolve a capacidade de identificar as causas subjacentes, encontrar soluções equilibradas e promover uma comunicação aberta e eficaz entre as partes envolvidas.

A habilidade de lidar com conflitos de forma construtiva não significa evitar os conflitos ou simplesmente impor soluções, mas sim buscar entender as diferentes perspectivas, interesses e necessidades das partes e trabalhar em conjunto para identificar soluções que atendam aos interesses de todos. Isso requer empatia,

escuta ativa, habilidades de comunicação e um compromisso com a resolução pacífica de divergências.

Figura 38 – Gestão de conflitos.

Profissionais que conseguem gerenciar conflitos de forma eficaz contribuem para promover um ambiente de trabalho saudável, no qual os colaboradores se sentem ouvidos, respeitados e valorizados.

Além disso, a capacidade de lidar com conflitos de maneira construtiva também auxilia na melhoria das relações interpessoais, no fortalecimento da confiança e no estabelecimento de uma cultura organizacional baseada na colaboração e no diálogo aberto.

Assumir a responsabilidade por gerenciar conflitos de maneira eficaz é fundamental para o desenvolvimento profissional e pessoal. Ao cultivar habilidades de resolução de conflitos, você fortalecerá sua capacidade de liderança, melhorando o clima organizacional e promovendo a produtividade e a satisfação no ambiente de trabalho.

A habilidade de gerenciar conflitos de forma construtiva é uma competência valorizada pelas organizações e essencial para assumir o controle de sua vida profissional e contribuir para um ambiente de trabalho harmonioso e eficaz.

6.16 Flexibilidade.

Em um mercado de trabalho em constante transformação, a capacidade de se adaptar a novas situações, abraçar desafios e assumir novas responsabilidades é fundamental para o sucesso profissional e a progressão na carreira. Ser flexível e adaptável permite ajustar-se rapidamente às demandas do ambiente profissional, lidar com mudanças inesperadas e aproveitar oportunidades de crescimento e desenvolvimento.

A capacidade de se adaptar a novas situações e abraçar desafios é essencial em um cenário empresarial dinâmico e competitivo. Profissionais que demonstram flexibilidade e resiliência são capazes de manter a produtividade e o desempenho mesmo diante de mudanças bruscas, incertezas e pressões externas, demonstrando habilidades essenciais para enfrentar os desafios do mercado de trabalho atual.

Assumir a responsabilidade por desenvolver uma postura flexível e adaptável envolve cultivar competências como a capacidade de aprender e se reinventar constantemente, a disposição para assumir riscos e sair da zona de conforto, e a vontade de encarar novos desafios como oportunidades de crescimento e desenvolvimento pessoal e profissional.

Profissionais flexíveis são valorizados pelas organizações por sua capacidade de se adaptar rapidamente a ambientes de trabalho em constante evolução, contribuindo para a inovação, a criatividade e o sucesso organizacional. Além disso, a flexibilidade permite aos profissionais explorar novas possibilidades, expandir horizontes e alcançar metas e objetivos mais ambiciosos, impulsionando o desenvolvimento de carreira e a realização profissional.

Por fim, a flexibilidade não se resume apenas à capacidade de lidar com mudanças, mas também à disposição para aceitar feedback, aprender com os erros, e se adaptar de forma proativa às novas demandas e desafios do ambiente profissional.

Ao assumir a responsabilidade por desenvolver o mindset e as habilidades necessárias para ser flexível e adaptável, você estará se preparando para enfrentar os desafios do mercado de trabalho de forma bem-sucedida, promovendo o crescimento pessoal e profissional e garantindo sua relevância e sucesso em um cenário profissional em constante evolução.

A flexibilidade é uma competência cada vez mais valorizada no mercado de trabalho atual e representa uma vantagem competitiva para os profissionais que buscam se destacar e prosperar em suas carreiras.

6.17 Gerenciamento do tempo.

Gerir eficazmente o tempo e as tarefas é de extrema importância para o sucesso profissional e pessoal. A habilidade de priorizar as atividades, estabelecer metas realistas, evitar a procrastinação e manter um equilíbrio saudável entre o trabalho e a vida pessoal são aspectos fundamentais para aumentar a produtividade, reduzir o estresse e melhorar a eficiência no cumprimento de objetivos profissionais.

A gestão do tempo e das tarefas é essencial para otimizar o desempenho e alcançar os resultados desejados. Quando se tem clareza sobre as prioridades e se adota uma abordagem organizada na execução das tarefas, é possível maximizar a eficácia e a eficiência, garantindo que cada atividade seja cumprida de forma adequada e dentro do prazo estabelecido.

Evitar a procrastinação e manter o foco nas atividades mais importantes e urgentes são elementos-chave para uma gestão do tempo eficaz. Ao criar uma rotina de trabalho estruturada, estabelecer metas realistas e alinhar as atividades com os objetivos profissionais, é possível minimizar as distrações e otimizar o uso do tempo, garantindo o cumprimento das responsabilidades de forma mais eficiente.

Além disso, manter um equilíbrio saudável entre o trabalho e a vida pessoal é essencial para a saúde e o bem-estar geral. O excesso de trabalho pode levar ao esgotamento e comprometer a qualidade de vida, tornando fundamental reservar tempo para o lazer, o descanso e as atividades que proporcionam bem-estar emocional e físico.

Assumir a responsabilidade por gerir eficazmente o tempo e as tarefas é um passo importante para o sucesso profissional e pessoal. Ao desenvolver habilidades de gestão do tempo, priorização de tarefas e equilíbrio entre vida profissional e pessoal, você aumentará sua produtividade, reduzindo o estresse e melhorando sua qualidade de vida, contribuindo para o alcance de seus objetivos e aspirações de forma mais eficaz e satisfatória.

Lembre-se de que a gestão do tempo é uma habilidade que pode ser desenvolvida e aprimorada ao longo do tempo, por meio de práticas consistentes e do uso de ferramentas e técnicas adequadas.

A chave para uma gestão eficaz do tempo está em identificar as principais prioridades, estabelecer objetivos claros, criar um plano de ação detalhado e manter o foco e a disciplina na execução das tarefas. Com dedicação e comprometimento, é possível alcançar um equilíbrio saudável entre o trabalho e a vida pessoal, otimizar a produtividade e conquistar o sucesso profissional desejado.

6.18   Mindfulness.

Cultivar a atenção plena e a consciência do momento presente é uma prática que pode trazer inúmeros benefícios para o ambiente de trabalho e para a vida em geral.

O mindfulness, ou atenção plena, consiste em estar plenamente presente e consciente no momento presente, sem julgamentos ou distrações, o que pode contribuir significativamente para a produtividade, a tomada de decisões conscientes e a redução do estresse no ambiente de trabalho.

Praticar mindfulness auxilia no desenvolvimento da capacidade de foco e concentração, permitindo que você se envolva completamente em suas atividades e tarefas, sem se deixar levar por distrações ou preocupações. Aumentar a consciência do momento presente também promove a clareza mental e a capacidade de responder de forma mais adequada e eficaz às demandas e desafios do dia a dia.

Além disso, o mindfulness pode ser uma ferramenta poderosa para lidar com o estresse e a pressão no ambiente de trabalho. Ao cultivar a capacidade de estar presente e consciente, é possível reduzir a ansiedade, regular as emoções e manter a calma diante de situações desafiadoras, tornando mais fácil lidar com o estresse e a pressão do ambiente profissional.

Assumir a responsabilidade por incorporar a prática do mindfulness em sua rotina diária pode trazer benefícios significativos para o seu bem-estar e desempenho no trabalho. Ao reservar alguns minutos do seu dia para se conectar consigo mesmo, cultivar a atenção plena e a consciência do momento presente, você fortalecerá suas habilidades de concentração, clareza mental e resiliência emocional, contribuindo para uma maior eficiência, produtividade e satisfação no ambiente de trabalho.

O mindfulness não apenas beneficia o indivíduo, mas também pode melhorar o clima organizacional, promovendo uma cultura de respeito, empatia e comunicação eficaz. Ao assumir a responsabilidade por praticar a atenção plena e cultivar a consciência do momento presente, você investirá em sua saúde mental e emocional, melhorando suas relações interpessoais e promovendo um ambiente de trabalho mais saudável e produtivo para si mesmo e para os outros.

A prática do mindfulness é uma ferramenta valiosa para o autodesenvolvimento, o equilíbrio emocional e o sucesso profissional, e pode fazer uma diferença significativa em sua vida pessoal e profissional.

6.19   Networking.

Construir e manter uma rede de contatos profissionais é uma prática extremamente importante para o crescimento e sucesso na carreira. O networking eficaz não apenas expande as oportunidades profissionais, mas também permite obter insights do mercado de trabalho, ampliar a influência no ambiente profissional e criar parcerias estratégicas que podem impulsionar o desenvolvimento profissional.

Ter habilidades de networking envolve mais do que simplesmente colecionar contatos ou distribuir cartões de visita. É sobre estabelecer conexões autênticas,

cultivar relacionamentos significativos e saber comunicar de forma eficaz com diferentes públicos. Isso requer empatia, habilidades de comunicação interpessoal, capacidade de ouvir ativamente, e disposição para criar conexões genuínas e duradouras.

Uma rede de contatos sólida pode oferecer diversas vantagens, desde a possibilidade de receber indicações para oportunidades de emprego, até a chance de compartilhar conhecimentos e experiências com profissionais de diferentes áreas. Além disso, o networking eficaz pode abrir portas para colaborações, projetos conjuntos, mentoria e até mesmo novas parcerias de negócios.

Assumir a responsabilidade por cultivar uma rede de contatos profissionais exige dedicação, consistência e autenticidade. Participar de eventos de networking, conferências, workshops e encontros profissionais pode oferecer oportunidades de conhecer pessoas novas e expandir sua rede de contatos. Além disso, utilizar plataformas online, como o LinkedIn, para manter contato com profissionais do seu interesse e compartilhar conteúdo relevante pode ser uma estratégia eficaz para fortalecer suas conexões.

Investir tempo e energia no desenvolvimento de habilidades de networking pode ser extremamente benéfico para o crescimento e progresso na carreira. Ao assumir a responsabilidade por construir e manter uma rede de contatos profissionais sólida, você estará ampliando suas oportunidades de carreira, aumentando sua visibilidade no mercado de trabalho e fortalecendo sua influência e credibilidade no ambiente profissional.

Lembre-se de que o networking é uma via de mão dupla, portanto, esteja sempre disposto a colaborar, contribuir e agregar valor aos seus contatos, criando relacionamentos mutuamente benéficos e duradouros. A construção de uma rede de contatos profissionais sólida é uma estratégia fundamental para o sucesso profissional em um mercado de trabalho cada vez mais competitivo e dinâmico.

6.20   Automotivação.

Ter a habilidade de se automotivar e manter-se engajado e focado em seus objetivos é fundamental para assumir a responsabilidade por sua vida profissional e alcançar o sucesso. A automotivação envolve uma série de competências e atitudes que nos impulsionam a perseguir nossos objetivos com determinação, comprometimento e entusiasmo, mesmo diante dos desafios e obstáculos que possam surgir no caminho.

Para se automotivar de forma eficaz, é essencial definir metas claras e específicas que direcionem suas ações e esforços para o alcance do sucesso profissional. Estabelecer objetivos desafiadores, porém realizáveis, ajuda a manter o foco e a direção, e permite avaliar seu progresso ao longo do tempo, o que é fundamental para manter a motivação e a determinação.

Além disso, a automotivação requer disciplina, resiliência e persistência para superar as dificuldades e os momentos de desânimo que podem surgir ao longo da jornada profissional. É importante cultivar uma mentalidade positiva, aprender com os fracassos e reveses, e encontrar inspiração e motivação interna para continuar avançando em direção aos seus objetivos, mesmo quando as coisas se tornam desafiadoras.

Encontrar fontes de inspiração e motivação que ressoem com seus valores, interesses e propósitos pessoais pode ser fundamental para alimentar a chama da automotivação. Isso pode envolver buscar exemplos de sucesso, ler livros inspiradores, assistir palestras estimulantes ou se conectar com pessoas que compartilham de seus objetivos e visão de mundo.

Assumir a responsabilidade por se automotivar e manter-se engajado em sua vida profissional requer autoconhecimento, autodisciplina e um comprometimento consigo mesmo em perseguir seus sonhos e aspirações. Ao desenvolver a habilidade de se automotivar, você estará fortalecendo sua capacidade de superar desafios, alcançar seus objetivos e tomar as rédeas de sua carreira de forma proativa e determinada.

Lembre-se de que a automotivação é uma qualidade essencial para o sucesso profissional e pessoal, e uma competência que pode ser desenvolvida e aprimorada ao longo da vida. Ao assumir a responsabilidade por sua automotivação, você construirá as bases para uma carreira bem-sucedida, uma vida mais realizada e um futuro promissor.

A automotivação é a chave para manter-se focado, determinado e resiliente diante dos desafios e adversidades, e para conquistar seus objetivos e realizar seus sonhos. Portanto, não subestime o poder da automotivação e do comprometimento consigo mesmo em alcançar o melhor de si e assumir o controle de sua vida profissional e pessoal.

6.21 Adaptabilidade cultural.

Em um mundo cada vez mais globalizado, a capacidade de se adaptar a diferentes ambientes culturais e lidar com a diversidade é uma habilidade valorizada e essencial no mercado de trabalho. A adaptabilidade cultural engloba a capacidade de compreender e respeitar diferentes perspectivas culturais, comunicar-se eficazmente com colegas de origens diversas e colaborar de forma respeitosa e inclusiva em contextos multiculturais.

A habilidade de se adaptar a diferentes culturas e contextos é fundamental em um mercado de trabalho cada vez mais diversificado e interconectado. A adaptabilidade cultural envolve a capacidade de compreender e respeitar as diferenças culturais, reconhecer e valorizar as diversas formas de pensar e agir, e se comunicar de forma sensível e inclusiva, criando um ambiente de trabalho mais colaborativo e harmonioso.

Compreender e respeitar diferentes perspectivas culturais é essencial para estabelecer relacionamentos positivos e produtivos com colegas, clientes e parceiros de negócios de origens diversas. Isso requer empatia, abertura para aprender sobre novas culturas, disposição para questionar e desconstruir estereótipos, e flexibilidade para se adaptar às diferenças e peculiaridades de cada contexto cultural.

Além disso, a adaptabilidade cultural envolve habilidades de comunicação intercultural, que são essenciais para garantir uma comunicação eficaz e evitar mal-entendidos em contextos multiculturais. Isso inclui a habilidade de adaptar seu estilo de comunicação, de ser claro e direto sem desrespeitar as diferenças culturais, e de se expressar de forma respeitosa e inclusiva, levando em conta as sensibilidades e normas culturais dos interlocutores.

Colaborar de forma respeitosa e inclusiva em contextos multiculturais requer uma postura de abertura, respeito e interesse genuíno pelas diferenças culturais, bem como a disposição para aprender com os outros e contribuir de forma construtiva para o trabalho em equipe. Isso envolve promover a diversidade, a equidade e a inclusão no ambiente de trabalho, e criar um clima organizacional onde todas as vozes são ouvidas e valorizadas, independentemente de sua origem cultural.

Assumir a responsabilidade por desenvolver a habilidade de adaptabilidade cultural é fundamental para o sucesso profissional em um mundo cada vez mais globalizado e diversificado. Ao aprender a compreender, respeitar e se comunicar eficazmente em contextos multiculturais, você estará fortalecendo suas habilidades interpessoais, ampliando suas oportunidades de colaboração e crescimento profissional, e contribuindo para um ambiente de trabalho mais inclusivo, inovador e harmonioso.

A adaptabilidade cultural não apenas enriquece sua experiência profissional, mas também promove a diversidade, a igualdade e o respeito mútuo no ambiente de trabalho, criando um espaço onde as diferenças são celebradas e as potencialidades individuais são reconhecidas e valorizadas. Ao assumir a responsabilidade por desenvolver a adaptabilidade cultural, você estará se preparando para enfrentar os desafios e oportunidades de um mundo cada vez mais interconectado e diversificado, e construindo as bases para uma carreira bem-sucedida e gratificante em um contexto global e multicultural.

6.22 Abertura à aprendizagem contínua.

Estar disposto a adquirir novos conhecimentos, habilidades e experiências ao longo de toda a carreira é fundamental para garantir o crescimento profissional e a adaptação às demandas do mercado de trabalho em constante mudança. A abertura à aprendizagem contínua implica em estar sempre em busca de oportunidades de desenvolvimento, sair da zona de conforto e se comprometer com a melhoria constante e a inovação.

Aprender continuamente ao longo da carreira é essencial para se manter atualizado, competitivo e relevante no mercado de trabalho. Com as rápidas mudanças tecnológicas, econômicas e sociais que ocorrem atualmente, é fundamental estar aberto a adquirir novos conhecimentos e habilidades, e adaptar-se às novas exigências e tendências do mercado.

A abertura à aprendizagem contínua envolve a disposição para explorar novas áreas de conhecimento, participar de cursos, workshops e treinamentos, e buscar oportunidades de desenvolvimento pessoal e profissional. Isso requer uma postura de curiosidade, sede de conhecimento e humildade para reconhecer que sempre há algo novo a aprender e a aprimorar.

Além disso, estar aberto à aprendizagem contínua também implica em sair da zona de conforto e enfrentar desafios que estimulem o crescimento e a evolução profissional. Isso pode envolver assumir novas responsabilidades, trabalhar em projetos desafiadores, ou até mesmo mudar de área de atuação, buscando experiências que ampliem sua visão, habilidades e competências.

Comprometer-se com a melhoria constante e a inovação é uma atitude fundamental para se destacar no mercado de trabalho e alcançar o sucesso profissional. Isso envolve a disposição para questionar o status quo, buscar soluções criativas e inovadoras para os desafios do dia a dia, e estar sempre em busca de maneiras de aprimorar seu desempenho e agregar valor ao seu trabalho e à sua carreira.

Ao assumir a responsabilidade por estar aberto à aprendizagem contínua, você investirá em seu desenvolvimento pessoal e profissional, expandindo suas competências e hábil idades, e preparando-se para enfrentar os desafios e oportunidades do mundo do trabalho com confiança e determinação. A abertura à aprendizagem contínua é uma postura essencial para garantir a empregabilidade e o crescimento profissional em um ambiente de trabalho cada vez mais dinâmico, competitivo e exigente.

Lembre-se de que a aprendizagem contínua não se limita apenas a adquirir novos conhecimentos teóricos, mas também envolve a aplicação prática desses conhecimentos, a vivência de experiências desafiadoras e a reflexão sobre os aprendizados adquiridos ao longo do caminho.

Ao adotar uma postura de abertura à aprendizagem contínua, você construirá as bases para uma carreira sólida, gratificante e em constante evolução, onde o aprendizado e o crescimento pessoal e profissional são valorizados e incentivados.

6.23   Empatia digital.

Em um mundo onde as interações estão cada vez mais digitais e remotas, a empatia digital é uma habilidade crucial para se relacionar, comunicar e colaborar de forma eficaz em ambientes online. A empatia digital envolve a capacidade de compreender as necessidades, emoções e perspectivas dos outros mesmo à distância, adaptar-se às diferentes formas de comunicação digital, e manter conexões autênticas e produtivas em ambientes virtuais de trabalho.

Em um contexto digital, é fundamental cultivar a empatia para compreender as emoções e necessidades das pessoas por trás das telas, reconhecer as limitações e desafios da comunicação online, e adaptar-se de forma sensível e receptiva às diferentes formas de interação virtual. Isso requer uma postura de escuta ativa, interesse genuíno pelo outro e disposição para se colocar no lugar do outro, mesmo sem estar fisicamente presente.

A empatia digital também envolve a capacidade de adaptar-se às diferentes formas de comunicação online, compreendendo as nuances da linguagem digital, dos

emojis, das abreviações e das ferramentas de comunicação em diferentes plataformas. É importante ter sensibilidade para interpretar o tom e as intenções por trás das mensagens digitais, e buscar esclarecer possíveis mal-entendidos ou conflitos de forma construtiva e empática.

Manter conexões autênticas e produtivas em ambientes virtuais de trabalho requer um esforço consciente para construir relacionamentos sólidos e colaborativos, baseados na confiança, na transparência e no respeito mútuo. Isso envolve praticar a empatia em todas as interações online, reconhecendo a humanidade e as emoções por trás das telas, e cultivando um ambiente de trabalho virtual inclusivo, acolhedor e colaborativo.

Assumir a responsabilidade por desenvolver e aprimorar a empatia digital é fundamental para o sucesso e o bem-estar em ambientes de trabalho cada vez mais digitais e remotos. Ao investir no desenvolvimento dessa competência, você fortalecerá suas habilidades de comunicação, relacionamento interpessoal e colaboração, e promovendo um ambiente de trabalho

6.24 Resiliência emocional.

Com certeza! A resiliência emocional é uma habilidade essencial para lidar com a pressão, o estresse e as adversidades de forma saudável e construtiva no ambiente de trabalho. Ela envolve a capacidade de se adaptar, superar obstáculos e aprender com as experiências desafiadoras, transformando-as em oportunidades de crescimento e aprendizado.

Ao assumir a responsabilidade por sua vida profissional, é fundamental desenvolver e aprimorar a resiliência emocional, juntamente com outras soft skills importantes, como inteligência emocional, habilidades de comunicação e trabalho em equipe. Essas competências são essenciais para lidar com as demandas do mundo corporativo e para garantir o sucesso e o crescimento na carreira.

A verdadeira atitude empreendedora

Figura 39 – Resiliência emocional.

Desenvolver a resiliência emocional significa fortalecer sua capacidade de lidar com as pressões do trabalho, gerenciar o estresse de forma saudável e encontrar soluções criativas e eficazes para os desafios que surgem no dia a dia. Isso envolve cultivar uma atitude positiva, manter o equilíbrio emocional, buscar apoio quando necessário e aprender a se adaptar às mudanças e adversidades com flexibilidade e determinação.

Além disso, é importante reconhecer a diversidade como um fator de enriquecimento e inovação no ambiente de trabalho. Valorizar as diferentes perspectivas, experiências e habilidades dos colegas é essencial para promover um ambiente de trabalho inclusivo, colaborativo e criativo, onde a diversidade é vista como um ativo e uma fonte de aprendizado e crescimento para todos.

Ao investir no desenvolvimento da resiliência emocional e de outras soft skills importantes, você se preparará para enfrentar os desafios e as oportunidades da vida profissional com confiança, assertividade e serenidade. A resiliência emocional não apenas contribui para o seu próprio bem-estar e sucesso profissional, mas também para o fortalecimento das relações interpessoais, a promoção de um clima organizacional saudável e a construção de equipes mais eficientes e resistentes.

Assumir a responsabilidade por sua vida profissional envolve o compromisso de desenvolver e aprimorar continuamente suas habilidades e competências, incluindo a resiliência emocional, para enfrentar os desafios e as mudanças do mercado de trabalho com determinação e eficácia. Ao investir no seu desenvolvimento pessoal e profissional, você construirá as bases para uma carreira sólida, gratificante e em constante evolução, onde a capacidade de se adaptar, crescer e superar adversidades se torna um diferencial e um trampolim para o sucesso e a realização profissional.

Ao cultivar as habilidades de autogestão, proatividade, resiliência, comunicação eficaz, pensamento crítico, empatia, liderança, honestidade, resolução de problemas, adaptabilidade, colaboração, entre outras, você estará fortalecendo sua capacidade de lidar com os desafios, alcançar seus objetivos e se destacar no mercado de trabalho.

Assumir a responsabilidade pela sua vida profissional requer um comprometimento constante com o desenvolvimento pessoal e profissional, aperfeiçoando as soft skills necessárias para enfrentar os desafios do ambiente de trabalho em constante transformação, construir relacionamentos saudáveis e produtivos, e alcançar o sucesso profissional de forma sustentável e significativa.

Ao integrar essas soft skills em sua rotina e prática profissional, você estará não apenas ampliando suas capacidades individuais, mas também contribuindo para a construção de um ambiente de trabalho mais colaborativo, diverso e inclusivo, onde o crescimento pessoal e profissional de todos é valorizado e incentivado. Assumir a responsabilidade pela sua vida profissional é um passo fundamental para alcançar seus objetivos e realizar seu potencial máximo no mundo empresarial e além.

"O burnout é a sensação de estar preso em um trabalho que não nos realiza, de estar desperdiçando anos de vida fazendo algo que não tem significado para nós." - Arianna Huffington[4]

---

[4] Arianna Huffington é uma escritora, jornalista, empresária e colunista grega-americana. Ela é co-fundadora e ex-editora-chefe do The Huffington Post, um dos maiores sites de notícias e blogs do mundo.

7 O BURNOUT DOS PROFISSIONAIS.

"Do que vale o dinheiro, se você não tiver saúde para desfrutá-lo?"

Escritora Thais Coutinho

O burnout é um tema relevante e preocupante no contexto da saúde mental e do bem-estar dos profissionais, sendo amplamente estudado e debatido por pesquisadores e profissionais da área da saúde.

Neste texto, irei abordar o burnout sob a perspectiva médica, citando alguns autores renomados e suas contribuições para o entendimento desse fenômeno.

Maslow (1972) descreve o burnout como um estado de exaustão emocional, física e mental que resulta de um ambiente de trabalho cronicamente estressante e desgastante. Segundo o autor, o burnout é caracterizado por sintomas como fadiga extrema, desmotivação, e dificuldade de concentração, afetando negativamente o desempenho profissional e a qualidade de vida do indivíduo.

O psiquiatra Freudenberger (1974) foi um dos primeiros estudiosos a investigar o burnout de forma mais sistemática, destacando a importância dos fatores psicológicos e emocionais na sua manifestação.

Para ele, o burnout está intimamente ligado ao desgaste emocional e ao sentimento de desilusão em relação ao trabalho, manifestando-se como um processo gradual de esgotamento das energias físicas e mentais do indivíduo.

Figura 40 - Herbert J. Freudenberger.

A médica psiquiatra Maslach (1982), por sua vez, desenvolveu uma das escalas de avaliação mais utilizadas para mensurar o burnout, conhecida como Maslach Burnout Inventory (MBI).

Maslach identifica o burnout como um fenômeno complexo, resultante da interação entre as demandas do trabalho, o apoio social disponível, e as características pessoais do sujeito, que impactam diretamente na sua capacidade de lidar com o estresse e as pressões do ambiente laboral.

Em um estudo recente, Shirom e Melamed (2006) investigaram a relação entre o burnout e a saúde física dos trabalhadores, destacando os efeitos adversos do burnout sobre a saúde cardiovascular, o sistema imunológico, e a incidência de doenças crônicas.

Para os autores, o burnout não se restringe apenas ao aspect e psicológico, mas também afeta diretamente a saúde física dos indivíduos, aumentando o risco de doenças e problemas de saúde associados ao estresse crônico.

Figura 41 - Christina Maslach.

Em outro estudo, Schaufeli e Peeters (2000) propuseram um modelo teórico amplamente aceito para explicar o burnout, conhecido como o modelo de desgaste. Segundo os autores, o burnout é resultado de um desequilíbrio entre as demandas do trabalho e os recursos disponíveis para lidar com essas demandas, levando a uma exaustão emocional, despersonalização e diminuição da realização pessoal.

É importante ressaltar que o burnout não afeta apenas os profissionais da área da saúde, mas também trabalhadores de diversas outras áreas, como educação, serviços e tecnologia.

Appendix A. Maslach Burnout Inventory (MBI)

The Maslach Burnout Inventory (MBI) is the most commonly used tool to assess the risk of burnout which was developed by Christina Maslach (1981). The validity and reliability study of this inventory made by Ergin (1993) in Turkey.

Maslach C, Jackson SE. The measurement of experienced burnout. J Organ Behav., 1981;2:99–113.

Ergin C. Adaptation and Validity of MBI for Measuring Burnout Among Turkish Physicians and Nurses. 7th National Psychology Congress, Bayraktar R (ed.), Turkish Psychologists Association: Ankara D. I, 1993;143–154. (in Turkish).

Maslach Burnout Inventory (MBI)

The inventory consists of 22 questions which have five graded Likert-type answers. To determine the risk of burnout, the MBI explores three sub-scales: emotional exhaustion, depersonalization and personal accomplishment.

A high score in the first and third sections and a low score in the second section may indicate burnout.

Questions	Never	Rarely	Sometimes	Frequently	Always
I. Emotional Exhaustion					
I feel emotionally drained from my work	0	1	2	3	4
I feel used up at the end of the workday	0	1	2	3	4
I feel fatigued when I get up in the morning and have to face another day on the job	0	1	2	3	4
Working with people all day is really a strain for me	0	1	2	3	4
I feel burned out from my work	0	1	2	3	4
I feel frustrated by my job	0	1	2	3	4
I feel I'm working too hard on my job	0	1	2	3	4
Working with people directly puts too much stress on me	0	1	2	3	4
I feel like I'm at the end of my rope	0	1	2	3	4
II. Personal Accomplishment					
I can easily understand how my recipients feel about things	0	1	2	3	4
I deal very effectively with the problems of my recipients	0	1	2	3	4
I feel I'm positively influencing other people's lives through my work	0	1	2	3	4
I feel very energetic	0	1	2	3	4
I can easily create a relaxed atmosphere with my recipients	0	1	2	3	4
I feel exhilarated after working closely with my recipients	0	1	2	3	4
I have accomplished many worthwhile things in this job	0	1	2	3	4
In my work, I deal with emotional problems very calmly	0	1	2	3	4
III. Depersonalization					
I feel I treat some recipients as if they were impersonal 'objects'	0	1	2	3	4
I've become more callous toward people since I took this job	0	1	2	3	4
I worry that this job is hardening me emotionally	0	1	2	3	4
I don't really care what happens to some recipients	0	1	2	3	4
I feel recipients blame me for some of their problems	0	1	2	3	4

Figura 42 - Maslach Burnout Inventory.

No entanto, devido à natureza exigente e estressante de muitas profissões na área da saúde, os profissionais médicos, enfermeiros e outros trabalhadores da saúde estão particularmente suscetíveis ao burnout e suas consequências negativas para a saúde e o bem-estar.

Diante desse cenário, é essencial que gestores, líderes e profissionais da saúde estejam atentos aos sinais de burnout e adotem medidas preventivas e de apoio para promover um ambiente de trabalho saudável e equilibrado. A implementação de estratégias de autocuidado, o estabelecimento de limites claros entre vida pessoal e profissional, e o apoio emocional e psicológico aos profissionais da saúde são fundamentais para prevenir e lidar com o burnout de forma eficaz.

o burnout é assim, um fenômeno multifacetado e complexo que afeta milhões de trabalhadores em todo o mundo, incluindo os profissionais da saúde. Por meio das contribuições e estudos de renomados autores na área médica, é possível compreender melhor as causas, os sintomas e as consequências do burnout, e adotar medidas eficazes para promover o bem-estar e a saúde mental dos profissionais, garantindo assim uma melhor qualidade de vida no ambiente de trabalho e na sociedade como um todo.

Estamos todos familiarizados com os riscos de burnout. As consequências são terríveis e incluem.

- Insatisfação no trabalho.
- Depressão.
- Tomada de decisão ineficiente.
- Falta de autonomia, engajamento, motivação e paixão.
- Problemas de questões relacionadas à saúde, como depressão, doenças cardíacas e até mesmo morte.

Algumas evidências sugerem que os empreendedores estão mais em risco de burnout porque tendem a ser extremamente apaixonados pelo trabalho e mais socialmente isolados, têm redes de segurança limitadas e operam com alta incerteza.

Você é um empresário e está preocupado que você possa vir a ser vítima de burnout? Você não está sozinho. Estudos recentes revelam que um quarto dos empreendedores ocupados experimentam graus moderados de burnout em algum momento de suas carreiras.

Não é segredo que administrar um negócio. ou mesmo sua carreira, te expõe a situações estressantes. A chave é aprender a lidar com estressores de maneiras saudáveis.

Você precisa aprender como manter seus níveis de motivação altos, seus níveis de estresse baixos e evitar burnout ao liderar uma empresa.

Suponha que você esteja prestes a abrir um novo negócio ou uma oportunidade promissora de franquia. Nesse caso, você precisa prestar atenção no quanto você investe pessoalmente e a quanto estresse está submetido.

Você está queimando a vela em ambas as extremidades?

Você age como se fosse uma máquina que pode continuar, não importa o quê?

Mesmo os indivíduos mais fortes e apaixonados pelo empreendedorismo não conseguem manter esse ritmo ou trabalhar sob estresse constante sem eventualmente se tornar vítima do seu esforço.

Outra causa potencial para o burnout é a sensação de que está com suas mãos atadas. Existe resistência em seu negócio que esvazia sua motivação em torno de muitas decisões importantes? Você experimenta fadiga de decisão? Se assim for, então é provável que o estresse e, consequentemente, o burnout estejam te esperando na esquina.

A baixa manutenção da saúde mental é um fator significativo quando se trata de burnout. Você se sentirá drenado de energia se pensar demais ou se preocupar com

muita frequência. Isso leva a se sentir sobrecarregado e como se você não tivesse mais controle sobre o negócio.

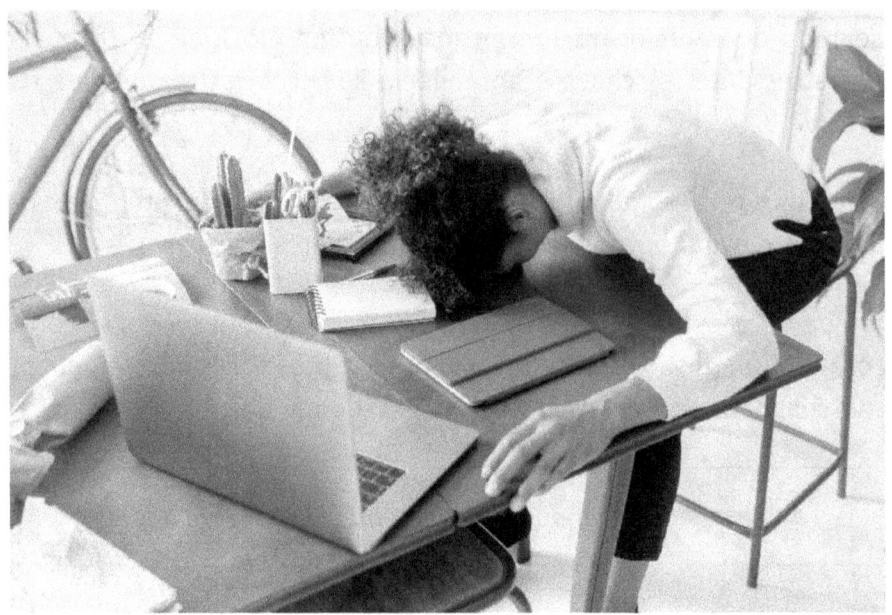

Figura 43 – Burnout.

Todo empreendedor desempenha uma variedade de papéis no início de sua carreira, especialmente se eles estão construindo um negócio do zero pela primeira vez.

Para alcançar o equilíbrio enquanto busca metas, é essencial que os empreendedores definam seus valores e criem limites claros no local de trabalho. Gerenciar a ansiedade antes que ela saia do controle é crucial para concentrar sua energia no sucesso dos negócios.

Antes de construir qualquer modelo de negócio, você deve definir o que sua empresa faz nos termos mais simples possíveis. Você deve fazer o mesmo em sua própria vida como um empreendedor. Defina seus valores no início, tanto no seu negócio quanto na sua vida pessoal.

Você não pode fazer tudo, e é importante entender isso quando você começa sua jornada. Trabalhe com um especialista em estratégia de negócios para definir metas claras de negócios, determinar o foco do seu negócio e identificar lugares onde você precisa criar ou expandir sua equipe.

Com esses valores definidos e tratados em seu negócio, você deve cuidar de sua vida pessoal. Se você está apenas começando ou você é um empreendedor por muitos anos, tome tempo para definir o que você vai e não vai fazer para a sua empresa.

7.1 Até onde você vai para alcançar e manter o sucesso?

Que coisas na sua vida valem a pena sacrificar pela jornada do empreendedorismo, e quais coisas são muito importantes para serem sacrificadas? Responder a essas perguntas revelará seu sistema de valores e permitirá que você reduza seu foco.

É fácil querer agradar os clientes ou seu chefe fazendo tudo, mas isso não é sustentável. Você pode construir uma reputação de marca — e uma reputação pessoal — sem comprometer limites. Interaja com seus clientes estrategicamente, certificando-se de que eles sabem que você dará a eles o que você prometeu.

Ao mesmo tempo, é importante estabelecer limites no trabalho, especialmente se você oferecer um serviço que exige que você interaja com os mesmos clientes repetidamente.

Estabeleça limites pessoais em torno da comunicação primeiro. Limite suas horas de trabalho aos horários de trabalho tradicionais, ou uma agenda diária mais rigorosa de 8 horas, e treine-se para respeitar a linha entre pessoal e profissional.

Figura 44 – Pode ser uma queima lenta, mas no limite temos uma verdadeira explosão.

Isso pode significar que os clientes não podem ter acesso a você imediatamente, mas é essencial aderir a este limite se você quiser evitar o burnout. Você também pode estabelecer limites com os clientes, informando-os com antecedência quando você está disponível ou quais formas de comunicação são apropriadas (e-mail, texto, telefonema).

Os clientes respeitarão que você tem uma vida fora do trabalho, especialmente se você comunicar claramente suas próprias expectativas em torno do relacionamento que você tem eles.

Ter horas de trabalho e horas pessoais também é uma boa maneira de treinar sua mente para zerar no presente. Quando você está trabalhando, você pode se concentrar em seus clientes e seu negócio, sabendo que você pode lidar com assuntos pessoais mais tarde. Quando você está relaxando depois de um longo dia com os clientes, você pode realmente relaxar sem problemas de trabalho irritantes obscurecendo sua mente.

É importante construir esses limites em sua estratégia antes do tempo para que você os tenha no lugar quando precisar deles. É muito mais difícil implementar um novo limite com um cliente carente que existe há muito tempo do que estabelecer limites com um novo cliente.

Todo empreendedor experimenta o empurrão necessário no início de um negócio. Construir sua própria empresa requer tanto do seu espaço mental que pode parecer toda a sua vida. Isso não é errado, mas também não é sustentável. Se você quer estar no negócio no longo prazo, você precisa planejar.

A chave para uma carreira ao longo da vida no empreendedorismo é criar limites construídos em torno do seu sistema de valores e aplicá-los desde o início.

Se você passar mais de alguns anos caminhando ao longo da rota "seja seu próprio chefe" que é o empreendedorismo, você é obrigado a experimentar burnout e desânimo em um momento ou outro.

O burnout pode ocorrer quando você está afundado no desenvolvimento de produtos infestados de falhas antes de fazer uma única venda, ou pode ocorrer quando você está em meio à operação de uma máquina geradora de vendas bem lubrificada.

Empregar algumas estratégias de enfrentamento não tão óbvias pode ajudá-lo a superar a fadiga empreendedora e revigorar sua paixão por administrar e crescer seus negócios.

7.2   Sintomas de burnout.

Se algum dos sintomas abaixo soar estranhamente familiar, você também pode estar experimentando burnout empreendedor.

Figura 45 – É incrível como não se percebe os sintomas de burnout!

7.2.1 Os colegas de trabalho se tornam seus inimigos?

Qualquer não empreendedor pode assumir que seus empregadores adoram e apreciam seu trabalho, pois é ele que está mantendo o negócio à tona.

Embora isso seja verdade na maioria das vezes, profissionais que executam negócios de alto volume ou de alto nível de interação com o cliente podem se queimar com as pessoas muito rapidamente.

Quando os profissionais se encontram em campo com centenas de consultas de entrada ou intermináveis solicitações de suporte ao cliente, tudo isso pode ser demais.

Se você é um profissional que de repente não suporta suas tarefas, você pode ser vítima de burnout voltado para as pessoas. Existem algumas soluções para lidar.

1. Empregue um chatbot de encaminhamento de e-mail ou respostas automáticas para consultas de e-mail de entrada, definindo uma expectativa razoável em torno dos tempos de resposta. Só porque você dirige um negócio não significa que você tem que estar acessível 24 horas por dia, 7 dias por semana ou

responder a clientes em potencial dentro de duas horas. Estabeleça expectativas claras em torno do tempo de resposta que funciona para você e sua equipe - sejam três horas ou três dias úteis. Dessa forma, você não sentirá que cada pedido de entrada requer ação imediata.

2. Terceirizar o atendimento ao cliente completamente. Existem ótimas e acessíveis opções de suporte ao cliente, desde chatbots ao vivo até serviços de atendimento a assistentes virtuais, que podem tirar a maioria das consultas de entrada da sua porta.

3. Lotear suas tarefas voltadas para o cliente e concentrá-las em um ou dois dias por semana. Se você optar por responder às segundas e quintas-feiras, os clientes nunca terão que esperar mais de três dias por uma resposta, mas você terá cinco dias tranquilos, pacíficos e sem pessoas por semana. É um ganha-ganha, com certeza!

7.2.2 Você tem pânico de segundas-feiras?

Uma das vantagens de administrar seu próprio negócio é a capacidade de definir seu horário preferido e trabalhar os dias e horas que você quiser.

Em algum lugar ao longo do caminho, você pode desenvolver uma semana de trabalho mais convencional com uma "segunda-feira" própria, ou o dia que marca o temido início de uma semana cansativa.

Se você se encontrar temendo as segundas-feiras, ou qualquer dia que você considera o funeral do seu fim de semana, você pode querer agitar as coisas e reconstruir sua agenda.

Chute a semana de trabalho "convencional" e jogue um fim de semana ou dois entre seus dias de trabalho. Mudar sua agenda pode renovar sua inspiração e ressuscitar a liberdade que o atraiu para o estilo de vida empreendedor em primeiro lugar.

7.2.3 Sua vida é uma sentença perpétua de prisão sem condicional?

A liberdade pode tê-lo atraído para o estilo de vida empreendedor, mas uma vez que seu negócio começa a consumir seus pensamentos 24/7/365, mesmo dormindo, você pode ser acorrentado a uma prisão de sua própria criação.

Se você não consegue se lembrar da última vez que tirou férias e a ideia de deixar e-mails não lidos por um dia lhe dá arrepios, pode ser hora de uma descontaminação com uma grande desconexão do trabalho e da vida on-line.

Se seu negócio não lhe conceder liberdade condicional, terá que forjar sua própria fuga. Para sua sorte, isso pode ser feito simplesmente através da automação.

7.2.4 Novas oportunidades brilhantes estão sempre chamando sua atenção?

Às vezes, muita coisa boa pode ser um problema, mesmo que essa coisa seja da sua conta. Ao contrário da crença popular, é possível executar vários negócios de sucesso ao mesmo tempo.

Se você se encontrar atraído em direção a uma nova oportunidade de negócio ou a uma agitação financeira, não a descarte como uma distração desnecessária ou uma perda de tempo imediatamente. Em vez disso, analise o motivo de você estar atraído por esta nova oportunidade.

Experimentar a coceira empreendedora para embarcar em um novo projeto pode não ser uma coisa de toda ruim e alguns de nós somos criadores naturais que sempre vão querer algo novo em nosso prato.

Utilizar várias habilidades completamente diferentes pode mantê-lo engajado, inspirado e animado com cada projeto independente, ao mesmo tempo em que aprimora habilidades diversas que podem se complementar.

> *Você pode se surpreender com as sinergias que vêm de seus projetos aparentemente diferentes.*

Mas é essencial filtrar em qual oportunidade você vai alocar suas energias e não sucumbir a toda nova chance de empreender.

7.2.5 O LinkedIn é o terror da sua existência?

Você abre o LinkedIn, clica em "notificações", e percebe instantaneamente o erro que foi, pois você é bombardeado com um fluxo interminável de atualizações positivas e marcos dignos de felicitações da sua rede.

Parece que todos levantaram mais uma rodada de financiamento semente de US$ 10 milhões, alcançaram sua meta de financiamento coletivo de US$ 100 mil, fizeram uma promoção em seus 9 a 5, ou foram destaque nas notícias para o lançamento do novo produto de sua empresa.

A maioria de nós pensa no LinkedIn como uma rede social "profissional", que parece contornar a "falsidade" e "destacar a bobina" de plataformas mais chamativas e abertamente egocêntricas como o Instagram.

Mas a verdade é que o LinkedIn também é mídia social e a psicologia do usuário não muda drasticamente só porque você considera algo uma plataforma "profissional". As pessoas postam seus altos e mantêm seus baixos para si mesmas.

O problema é que no LinkedIn, você está lá para ser julgado profissionalmente sobre o seu progresso na carreira ou nos negócios, de modo que as repercussões reputacionais de um posto menor pode parecer muito mais grave para seus empregos futuros e ganhar poder.

Uma vez que você percebe que o LinkedIn é apenas um IG para pessoas que preferem se gabar sobre seu trabalho ou seus negócios do que sua selfie

supersaturada, você pode tomar essas notificações com uma dúzia de grãos de sal e uma pitada de pimenta.

Se o LinkedIn está se tornando mais desanimador do que encorajador, você pode querer fazer uma pausa temporária. Sua empresa provavelmente não vai desmoronar se você sair do LinkedIn por algumas semanas a menos que você faça a maioria de suas vendas no LinkedIn, nesse caso você pode querer evitar notificações e manter seu foco em anúncios e responder às mensagens dos clientes.

Provavelmente há um milhão de outras atividades de ROI[5] mais altas que você poderia dedicar seu tempo do que babar sobre as atualizações dos desocupados e indutores de inveja do LinkedIn da sua rede.

A maior parte do trabalho real acontece atrás de portas fechadas e fora do LinkedIn de qualquer maneira. As redes sociais são apenas um lugar para compartilhar o "antes e depois", mas raramente explicam a viagem no meio.

7.3 Essas pistas podem evitar que o de burnout se instale.

Muitas vezes vemos o burnout como um efeito colateral inevitável de muito trabalho, muito pouco relaxamento, ou a reação a uma sequência implacável e deprimente de resultados. Quando você coloca dessa forma, burnout soa como uma terrível culminação de negatividade e algo a ser evitado a todo custo.

Não concordo com essa avaliação. Claro, um fluxo constante de perdas pode desencorajar uma pessoa ou roubar sua motivação. Entretanto, o burnout pode acontecer até quando as vendas estão em um nível recorde.

---

[5] Sigla para Return on Investment, ou Retorno sobre Investimento, em português. De uma forma mais simples é a relação entre o que foi investido e o lucro em ações e campanhas de marketing.

Lembra do caso da multi campeã olímpica Simone Biles que desistiu da competição durante as provas?

Os cinco sintomas de burnout apresentados na seção anterior trazem uma oportunidade valiosa para reavaliar as causas básicas e fazer mudanças positivas para alterar e melhorar seus negócios, alterar prioridades e aumentar o foco em um número reduzido de operações para garantir que você está aproveitando ao máximo seus conjuntos de habilidades empreendedoras, ambição e inspiração.

De que adianta um negócio lucrativo se não aguentamos a jornada para construí-lo ou para lidar com as operações do dia a dia que o mantém funcionando?

Reconhecer seu potencial de burnout pode dar origem a uma nova oportunidade inesperada de gerenciar seus empreendimentos, reduzir o nível de estresse e ao mesmo tempo expandir completamente sua jornada empreendedora.

Existem apenas dois tipos de pessoas capazes de dizer que é impossível mudar o mundo. aquelas que têm medo de tentar e aquelas que têm medo do seu sucesso.

Ray Goforth.

8 O SUICÍDIO POR MOTIVO PROFISSIONAIS.

O suicídio como desfecho trágico de problemas profissionais é um fenômeno complexo que vem ganhando mais atenção dentro do campo da saúde mental.

Durante muito tempo, a psiquiatria tratou o suicídio como um fenômeno ligado intrinsecamente a distúrbios mentais e desequilíbrios psicológicos, olhando menos para os fatores sociais e ambientais que também podem desempenhar papéis significantes. No entanto, na última década, uma maior compreensão sobre o papel que o estresse ocupacional desempenha na saúde mental reconfigurou essa visão.

O suicídio relacionado ao trabalho pode ser compreendido como o culminar de uma crise de identidade e um senso de inutilidade, precipitados por ambientes de trabalho abusivos, expectativas de desempenho inatingíveis, e uma cultura de silêncio em torno da vulnerabilidade pessoal.

O suicídio, nesse contexto, surge não apenas de transtornos mentais individuais, mas também de um fracasso coletivo em criar ambientes de trabalho que valorizem o bem-estar psicológico. Pressões excessivas por resultados, medo de desemprego, e falta de suporte podem levar a um estado de desespero onde o indivíduo sente que perderam o controle de suas vidas e não veem outra saída além do suicídio.

Essa perspectiva é ecoada por outros estudiosos da área, como os psiquiatras Allison Miller, Mathew J. Spittal, Jane Pirkis e Anthony D LaMontagne e registradas em seu livro Suicide by occupation: systematic review and meta-analysis (2013) que enfatizam que enfatizam que a associação entre burnout profissional e ideação suicida não pode ser ignorada.

As demandas cada vez mais insistentes por eficiência e sucesso profissional podem ser emocionalmente exaustivas e, em última análise, insustentáveis, levando a um inevitável desgaste emocional quando não há apoio adequado.

O estigma anteriormente associado à discussão sobre o suicídio e saúde mental no local de trabalho vem diminuindo, e agora há um reconhecimento crescente de que

as organizações têm a responsabilidade de cuidar da saúde mental de seus funcionários. Programas de assistência aos funcionários, treinamentos para gerenciar o estresse e políticas de trabalho mais flexíveis são algumas das medidas que estão sendo adadas para confrontar essa questão.

Figura 46 – Alisson Miller, Mathew J. Spittal, Jane Pirkis e Anthony D LaMontagne

Além disso, é fundamental ressaltar que a abordagem preventiva ao suicídio requer uma estratégia multifacetada. A prevenção deve envolver não apenas apoio no local de trabalho, mas também o acesso a cuidados de saúde mental de qualidade, suporte comunitário e a promoção de diálogo aberto sobre questões de saúde mental. Parafraseando Karsten Michael, o sentimento de pertença e ser valorizado é um antídoto vital contra a crise existencial que pode levar ao suicídio.

A atenção aos sinais de alerta, como mudanças de comportamento, declínio no desempenho profissional, isolamento social e verbalizações sobre desesperança, é crítico. É necessário incentivar uma cultura onde pedir ajuda é visto como um sinal de força, não de fraqueza.

O suicídio por motivos profissionais é um fenômeno complexo que tem recebido mais atenção nos últimos anos devido ao aumento das pressões no ambiente de trabalho e à maior conscientização sobre saúde mental. Existem diversos fatores que podem levar uma pessoa a considerar o suicídio devido a problemas relacionados ao trabalho, e é importante abordar essas questões de forma holística e preventiva.

8.1   Fatores para um suicídio por motivos profissionais.

Uma das razões para o suicídio por motivos profissionais é o estresse crônico no ambiente de trabalho. Pressões excessivas relacionadas a metas de desempenho, prazos apertados, competição acirrada e sobrecarga de tarefas podem levar a um estado de exaustão emocional e física, conhecido como burnout. O burnout é um fator de risco significativo para o suicídio, pois pode levar a sentimentos de desesperança, falta de propósito e isolamento social.

Além do burnout, o assédio moral e a toxicidade no local de trabalho também são motivos comuns para o suicídio por motivos profissionais. O bullying, a discriminação, o assédio sexual e a violência psicológica são formas de abuso que podem ter um impacto devastador na saúde mental do indivíduo.

Sentimentos de desamparo, humilhação e desvalorização podem levar a uma profunda sensação de desespero e alienação, tornando o suicídio uma tentativa de escapar da dor emocional.

Outro fator que contribui para o suicídio por motivos profissionais é a falta de apoio e recursos para lidar com questões de saúde mental no ambiente de trabalho.

Muitas organizações ainda possuem culturas que desencorajam a expressão de vulnerabilidades e fragilidades emocionais, criando um ambiente onde os funcionários se sentem isolados e sem suporte para lidar com suas dificuldades. A falta de acesso a serviços de saúde mental, como terapia e aconselhamento, também pode ser um obstáculo significativo para aqueles que estão lutando com questões emocionais.

Além disso, a cultura do sucesso e da produtividade a qualquer custo pode contribuir para a pressão interna que os indivíduos sentem para atingir padrões irrealistas de desempenho e sucesso profissional. A constante comparação com colegas, a busca pela perfeição e a sensação de nunca ser bom o suficiente podem levar a um ciclo de autoexigência insustentável, levando à exaustão emocional e ao desgaste psicológico.

A instabilidade econômica e a insegurança no emprego também podem ser motivos para o suicídio por questões profissionais. O medo do desemprego, a precariedade do mercado de trabalho e a incerteza em relação ao futuro financeiro podem agravar os sentimentos de desespero e desamparo, levando os indivíduos a considerarem o suicídio como uma saída para seus problemas.

Diante desse panorama complexo, é fundamental adotar uma abordagem preventiva e integrada para abordar o suicídio por motivos profissionais. As organizações devem promover ambientes de trabalho saudáveis, que valorizem o bem-estar dos funcionários e incentivem a comunicação aberta sobre questões de saúde mental. Programas de prevenção do suicídio, treinamento em saúde mental e acesso facilitado a recursos de apoio são essenciais para criar culturas organizacionais mais acolhedoras e solidárias.

8.2 O suicídio pela perda do emprego.

A perda do emprego é um evento que pode ter um impacto profundo na autoestima e na autoconfiança de um indivíduo. O trabalho muitas vezes é mais do que apenas uma fonte de renda, sendo também um elemento central na construção da identidade pessoal e do senso de valor próprio.

Assim, quando ocorre a demissão, é como se parte das estruturas emocionais do indivíduo fosse abalada. A sensação de não ser mais útil, competente ou valorizado pode gerar um verdadeiro terremoto na autoimagem da pessoa, levando-a a um ciclo de autocrítica negativa que pode resultar em pensamentos autodestrutivos.

A autoestima e a autoconfiança são fundamentais para o bem-estar psicológico e emocional de uma pessoa, e a perda do emprego pode minar essas bases de forma significativa. A sensação de falha e inadequação que muitas vezes acompanha a demissão pode levar a uma espiral descendente de pensamentos negativos sobre si mesmo, alimentando um ciclo de autodesvalorização e desesperança.

A percepção de que não se é mais capaz de contribuir de forma significativa ou ser reconhecido por suas habilidades pode corroer a autoestima do indivíduo, abrindo espaço para sentimentos de inutilidade e desamparo.

Além disso, a ligação entre trabalho, identidade e valor próprio pode tornar a perda do emprego um golpe especialmente doloroso para muitas pessoas. A noção de pertencimento a um grupo, a realização de um propósito e a validação externa através do trabalho podem ser pilares essenciais na construção da autoimagem e na manutenção do equilíbrio emocional.

Quando esses pilares são abalados pela demissão, a pessoa pode se sentir perdida, desorientada e sem rumo, impactando profundamente a sua autoconfiança e a sua capacidade de se enxergar de forma positiva.

O ciclo de autocrítica negativa desencadeado pela perda do emprego pode se tornar uma armadilha mental difícil de escapar. A voz interior que ecoa sentimentos de fracasso, incompetência e A sensação de não ser mais útil, competente ou valorizado pode se tornar um constante lembrete dos supostos defeitos e falhas do indivíduo, levando a uma deterioração progressiva da autoimagem e autoestima.

Nesse contexto, a mente tende a focar apenas nas próprias fraquezas, ignorando conquistas passadas e virtudes presentes. Esse ciclo de autodepreciação pode gerar um estado de desânimo profundo e desesperança, abrindo portas para

pensamentos autodestrutivos e até mesmo para a consideração do suicídio como uma forma de aliviar a dor emocional e o sofrimento psicológico.

A perda do emprego não se resume apenas a um revés profissional, mas tem o potencial de abalar profundamente as estruturas emocionais e mentais de um indivíduo, impactando significativamente a sua saúde mental e bem-estar emocional. É crucial reconhecer a complexidade e a gravidade desses desafios, buscando estratégias de apoio emocional, acompanhamento psicológico e redes de suporte que possam ajudar o indivíduo a enfrentar de forma saudável e construtiva as repercussões emocionais da perda do emprego.

A promoção de um ambiente de compreensão, acolhimento e solidariedade é essencial para prevenir consequências devastadoras e proporcionar o suporte necessário para aqueles que enfrentam esse tipo de desafio em suas vidas.É importante ressaltar que o suicídio é um problema complexo e multifacetado, e que a prevenção exige um esforço conjunto de toda a sociedade.

Ao abordar as questões relacionadas ao suicídio por motivos profissionais de forma compassiva e proativa, podemos ajudar a reduzir o estigma em t torno da saúde mental, promover ambientes de trabalho mais saudáveis e salvar vidas. A saúde mental deve ser uma prioridade em todas as esferas da sociedade, e o suicídio por motivos profissionais é um problema que não pode mais ser ignorado.

Quando uma pessoa é demitida, ela pode experimentar um intenso sentimento de fracasso e desamparo. A perda do emprego pode ser percebida como uma rejeição pessoal, uma falha em atingir expectativas próprias e sociais, e uma ameaça à segurança e estabilidade financeira. A sensação de impotência diante da situação e a incerteza em relação ao futuro podem gerar um estado de profunda tristeza e desespero, que pode levar a pensamentos suicidas.

A falta de suporte emocional e social durante esse período difícil também pode contribuir para o risco de suicídio. A vergonha, o isolamento social e o medo de ser julgado pelos outros podem impedir a pessoa de buscar ajuda e apoio, aumentando a sensação de solidão e desamparo. A ausência de uma rede de suporte eficaz e de recursos para lidar com o estresse e a ansiedade relacionados à perda do emprego pode agravar a situação e amplificar os sentimentos de desesperança e desamparo.

Além disso, a pressão financeira decorrente da perda do emprego também é um fator que pode levar ao suicídio. A falta de renda, o acúmulo de dívidas e a preocupação com o sustento da família podem gerar um nível insuportável de estresse e ansiedade, levando a um sentimento de desespero e desamparo.

A falta de perspectiva de recolocação no mercado de trabalho e a sensação de estar preso em um ciclo de dificuldades financeiras podem parecer uma barreira intransponível para muitas pessoas, levando-as a considerar o suicídio como uma forma de escape da situação.

É importante ressaltar que o suicídio pela perda do emprego não é uma decisão racional, mas sim um desfecho trágico de um conjunto de fatores emocionais, psicológicos e sociais. A luta interna que leva uma pessoa a considerar o suicídio é uma manifestação extrema do sofrimento psicológico e um grito de socorro por ajuda. Portanto, é fundamental abordar essa questão com empatia, compaixão e compreensão, fornecendo suporte emocional, tratamento psicológico e recursos para enfrentar de forma eficaz os desafios decorrentes da perda do emprego.

A prevenção do suicídio pela perda do emprego exige uma abordagem multifacetada que envolva não apenas o indivíduo afetado, mas também a família, os amigos, os colegas de trabalho, as instituições e a sociedade como um todo.

A criação de redes de suporte emocional, o incentivo à busca de ajuda profissional, a implementação de programas de promoção da saúde mental no ambiente de trabalho, a disponibilização de recursos de orientação financeira e a conscientização sobre a importância da comunicação aberta sobre questões de saúde mental são algumas das medidas que podem ser adotadas para prevenir o suicídio pela perda do emprego.

É essencial também combater o estigma em torno da saúde mental e do suicídio, promovendo um diálogo aberto e acolhedor sobre essas questões. A educação pública sobre os sinais de alerta de comportamento suicida, a importância de buscar

ajuda profissional e os recursos disponíveis para apoio emocional são fundamentais para conscientizar a população e reduzir o estigma associado ao suicídio.

Por fim, a prevenção do suicídio pela perda do emprego requer uma abordagem coletiva e solidária, que reconheça a complexidade e a gravidade das questões envolvidas.

Ao promover ambientes de trabalho saudáveis, encorajar a expressão de vulnerabilidades, fornecer suporte emocional e garantir acesso a recursos de saúde mental, podemos ajudar a proteger a vida e a saúde emocional das pessoas em momentos de crise. O cuidado, a compaixão e a empatia são ferramentas essenciais na prevenção do suicídio e na construção de uma sociedade mais saudável e acolhedora para todos.

A suicidologia no contexto profissional oferece um microcosmo revelador sobre as falhas sistêmicas no cuidado com a saúde mental. Os profissionais de psiquiatria, assim como os gestores e colegas de trabalho, são chamados a reconhecer a gravidade e a realidade complexa do suicídio, intervindo de maneira proativa e humanizada para preservar vidas e promover a saúde mental no ambiente profissional.

8.3   KAROSHI.

Karoshi é um termo japonês que significa "morte por excesso de trabalho" ou "morte por trabalho excessivo". É um fenômeno que tem se tornado cada vez mais relevante em diversos países ao redor do mundo, mas ganhou destaque inicialmente no Japão, onde o excesso de trabalho é uma questão cultural profundamente enraizada.

O karoshi ocorre quando um indivíduo é levado ao limite físico, mental e emocional em decorrência de longas jornadas de trabalho, pressão intensa, falta de descanso adequado e estresse crônico relacionado ao emprego. Essa condição pode levar a uma série de problemas de saúde física e mental, incluindo doenças cardíacas, distúrbios do sono, depressão, ansiedade e até mesmo suicídio.

No Japão, onde a cultura do trabalho duro e do comprometimento extremo com a empresa é amplamente difundida, o karoshi tornou-se uma preocupação nacional.

O país é conhecido por ter uma das maiores cargas horárias de trabalho do mundo, com muitos trabalhadores dedicando horas extras constantes, não raro até altas horas da noite e nos fins de semana. Esse padrão de trabalho excessivo tem sido associado a um aumento significativo nos casos de karoshi, com trabalhadores sofrendo as consequências físicas e psicológicas do excesso de trabalho.

Figura 47 - Vítima do Karoshi.

Os sintomas do karoshi podem incluir fadiga crônica, insônia, ansiedade, depressão, irritabilidade, problemas de concentração, dor física, aumento do risco de doenças cardiovasculares e doenças relacionadas ao estresse.

O estresse crônico associado ao excesso de trabalho pode comprometer a saúde mental e emocional do trabalhador, levando a quadros graves de exaustão, desânimo e até mesmo ao desenvolvimento de transtornos psicológicos mais sérios.

Além dos impactos individuais para a saúde dos trabalhadores, o karoshi também tem repercussões sociais e econômicas. A alta incidência de mortes relacionadas ao trabalho excessivo pode resultar em custos elevados para os sistemas de saúde, perdas de produtividade nas empresas e um clima organizacional negativo no ambiente de trabalho.

O medo de perder o emprego, a pressão por resultados cada vez melhores e o ciclo vicioso de competitividade exacerbada podem contribuir para um ambiente de trabalho tóxico e insalubre, aumentando o risco de karoshi e impactando negativamente a qualidade de vida dos trabalhadores.

É importante ressaltar que o karoshi não é apenas um problema individual, mas um reflexo de questões estruturais mais amplas relacionadas às práticas de trabalho, à cultura organizacional e aos valores sociais em torno do emprego e do sucesso profissional. A necessidade de promover um equilíbrio saudável entre trabalho, vida pessoal e bem-estar emocional dos trabalhadores é essencial para prevenir o karoshi e garantir ambientes de trabalho mais saudáveis e sustentáveis.

Para combater o karoshi, é necessário implementar medidas que promovam a saúde e o bem-estar dos trabalhadores, como a limitação de horas extras, a promoção de políticas de flexibilidade no horário de trabalho, o estímulo ao uso de férias e períodos de descanso, a conscientização sobre a importância da saúde mental e a criação de espaços seguros para que os trabalhadores possam expressar suas dificuldades e buscar ajuda quando necessário.

Além disso, é fundamental que as empresas e as autoridades governamentais assumam responsabilidade na promoção de uma cultura organizacional saudável, que valorize o equilíbrio entre trabalho e vida pessoal, a comunicação aberta e transparente, o cuidado com a saúde mental dos colaboradores e o respeito aos limites individuais de cada trabalhador.

A implementação de políticas de bem-estar no trabalho, programas de prevenção ao estresse e ansiedade, e a promoção de um ambiente de trabalho colaborativo e solidário são passos importantes para prevenir o karoshi e proteger a saúde e o bem-estar dos trabalhadores.

O karoshi é um termo japonês que significa "morte por excesso de trabalho".

É um fenômeno que tem ganhado destaque devido à incidência cada vez maior de casos em que indivíduos sofrem consequências fatais em decorrência de jornadas extenuantes, pressão excessiva e estresse crônico relacionados ao trabalho.

No Japão, país conhecido por sua cultura de trabalho intensa e longas horas de expediente, o karoshi tornou-se uma preocupação nacional. Muitos trabalhadores japoneses enfrentam jornadas exaustivas, frequentemente realizando horas extras e abrindo mão de descanso adequado em prol do trabalho. Essa mentalidade de dedicação extrema à empresa tem levado a um aumento significativo nos casos de karoshi, com trabalhadores sofrendo as consequências físicas e mentais do excesso de trabalho.

Além dos impactos individuais, o karoshi também tem repercussões sociais e econômicas. As altas taxas de mortes relacionadas ao excesso de trabalho resultam em custos substanciais para os sistemas de saúde, perdas de produtividade nas empresas e um ambiente de trabalho desgastante, prejudicando a qualidade de vida dos trabalhadores e a saúde geral da sociedade.

A normose está doutrinando erradamente muitos homens e mulheres que poderiam, se quisessem, ser bem mais autênticos e felizes.

Martha Medeiros6

---

[6] Escritora e jornalista brasileira conhecida por suas crônicas e poemas.

9 A NORMOSE.

A normose dos profissionais é um fenômeno contemporâneo que se refere à internalização de padrões de comportamento, crenças e valores considerados "normais" pela sociedade, mas que podem ser prejudiciais à saúde e ao bem-estar dos trabalhadores.

Esses padrões são muitas vezes associados a uma cultura de hiperprodutividade, competição excessiva, estresse crônico, falta de equilíbrio entre vida pessoal e profissional, e uma constante busca por perfeição e sucesso a qualquer custo.

Os profissionais afetados pela normose muitas vezes adotam comportamentos como a busca incessante por sucesso, a pressão por resultados imediatos, a autoexigência exacerbada e a falta de equilíbrio entre vida pessoal e profissional. Longas jornadas de trabalho, excesso de horas extras, falta de tempo para descanso e lazer, competitividade desenfreada e a constante busca por perfeição são apenas alguns exemplos das características desse fenômeno.

Entre esses comportamentos estão longas jornadas de trabalho, excesso de horas extras, falta de tempo para descanso e lazer, pressão por resultados imediatos, competitividade desenfreada e autoexigência exacerbada.

A normose dos profissionais muitas vezes está relacionada a um ambiente de trabalho que exige alta performance, metas cada vez mais ambiciosas e uma constante busca por excelência.

Nesse cenário, os colaboradores se veem constantemente pressionados a corresponder às expectativas e padrões impostos, muitas vezes em detrimento de sua saúde e bem-estar.

O medo de falhar, a necessidade de corresponder às expectativas dos superiores e a busca incessante por reconhecimento e sucesso podem levar os profissionais a sacrificarem sua saúde física, emocional e relacionamentos pessoais em nome do trabalho.

A cultura da normose dos profissionais pode ser alimentada por diversos fatores, como a pressão por desempenho e metas cada vez mais ambiciosas, o medo de falhar, a necessidade de corresponder às expectativas dos superiores e a busca incessante por reconhecimento e sucesso. Muitas vezes, os profissionais se veem em um ciclo constante de estresse e sobrecarga, sacrificando sua saúde física, mental e emocional em nome do trabalho.

Com a tecnologia facilitando o acesso constante ao trabalho, muitos profissionais se veem em um ciclo contínuo de disponibilidade e exigências, o que dificulta o estabelecimento de momentos de descanso e lazer necessários para recarregar as energias e manter a saúde mental equilibrada.

Figura 48- Normose?

Além disso, a falta de limites claros entre a vida pessoal e profissional contribui para a perpetuação da normose dos profissionais. Com a constante acessibilidade ao trabalho proporcionada pela tecnologia, muitos profissionais se veem envolvidos em um ciclo vicioso de disponibilidade e exigências, o que torna ainda mais difícil a desconexão e o estabelecimento de momentos de descanso e lazer essenciais para o equilíbrio e a saúde mental.

É importante ressaltar que a normose dos profissionais não apenas afeta a saúde e o bem-estar individual, mas também tem repercussões nas organizações, refletindo em um ambiente de trabalho desgastante, com altos índices de estresse, baixa satisfação dos colaboradores e queda na produtividade.

A falta de equilíbrio entre vida pessoal e profissional, a sobrecarga de tarefas e a pressão constante por resultados podem gerar um clima organizacional tóxico, prejudicando o clima de trabalho, a motivação e o engajamento dos funcionários.

Figura 49 – Normose infantil.

Além disso, é essencial que os gestores estejam atentos aos sinais de sobrecarga e estresse entre os colaboradores, promovendo uma cultura organizacional que incentive o diálogo aberto, a empatia e o suporte mútuo. A promoção da flexibilidade no horário de trabalho, a valorização do tempo de descanso e a implementação de práticas que favoreçam o equilíbrio entre vida pessoal e profissional são passos importantes para prevenir e combater a normose dos profissionais.

É preciso reconhecer que a normose dos profissionais não é um problema individual, mas um reflexo de questões estruturais mais amplas relacionadas à cultura do trabalho, às expectativas sociais e à forma como as empresas organizam e incentivam o desempenho de seus colaboradores.

Ao promover uma cultura de trabalho saudável, equilibrada e acolhedora, as organizações podem contribuir para o bem-estar e a satisfação dos profissionais, criando um ambiente propício ao crescimento pessoal e profissional de todos os envolvidos.

A normose e o burnout são dois fenômenos relacionados que têm se tornado cada vez mais presentes no ambiente de trabalho contemporâneo. Enquanto a normose se refere à internalização de padrões de comportamento prejudiciais à saúde e ao bem-estar dos profissionais, o burnout é uma síndrome caracterizada por exaustão emocional, despersonalização e diminuição da realização profissional, resultante do estresse crônico no trabalho.

A conexão entre normose e burnout está associada à pressão excessiva, à sobrecarga de tarefas e à busca constante por desempenho e sucesso, que são características comuns em ambas as condições.

Os profissionais afetados pela normose estão mais suscetíveis a desenvolver burnout devido à adoção de comportamentos e atitudes prejudiciais à saúde mental e física, como a falta de limites entre vida pessoal e profissional, a autoexigência exacerbada e a incapacidade de se desconectar do trabalho.

A normose pode desempenhar um papel fundamental na gênese do burnout, uma vez que os padrões de comportamento associados à internalização de normas e expectativas sociais podem levar os profissionais a se submeterem a uma carga de

trabalho excessiva, a pressões constantes por desempenho e a um ciclo contínuo de estresse.

Essa combinação de fatores pode resultar em esgotamento emocional, despersonalização e perda de sentido no trabalho, sintomas característicos do burnout.

A pressão por resultados imediatos, a competitividade desenfreada, a busca constante por sucesso e a falta de equilíbrio entre vida pessoal e profissional são apenas alguns dos elementos comuns entre a normose e o burnout.

Ambos os fenômenos estão intrinsecamente ligados à cultura do trabalho contemporâneo, que muitas vezes exige dos profissionais um desempenho além de suas capacidades, resultando em consequências negativas para sua saúde física, mental e emocional.

A conscientização sobre a importância de identificar sinais precoces de normose e burnout e a busca por estratégias de enfrentamento e prevenção são fundamentais para garantir a saúde e o bem-estar dos profissionais no ambiente de trabalho.

Além disso, o envolvimento e suporte das organizações são essenciais para criar um ambiente que promova a resiliência e a saúde mental dos colaboradores, reduzindo os impactos negativos da normose e do burnout.

Normose, um conceito originalmente explorado por autores como Jean-Yves Leloup, Pierre Weil e Roberto Crema. Na análise desse conceito, os autores argumentam que a normalidade pode ser patológica quando leva a um estado de conformidade que impede o indivíduo de viver de forma autêntica e saudável.

Figura 50 - Jean-Yves Leloup.

Figura 51 - Pierre Weil.

Figura 52 - Roberto Crema.

Considerando o pensamento desses autores, é possível destacar alguns pontos centrais da discussão sobre a normose:

1. Conformidade Social. A normose surge da pressão para se conformar às expectativas sociais. O que é considerado "normal" é frequentemente moldado por instituições sociais, culturais e religiosas, e o desvio dessas normas pode ser visto como patológico ou indesejável.
2. Autenticidade. O conceito de normose questiona a ideia de que aderir às normas sociais equivale a um modo de vida saudável. Ao contrário, sugere que a autenticidade e o questionamento crítico das normas podem ser mais propícios à saúde mental do que a conformidade.
3. Saúde e Doença. O pensamento sobre normose lança luz sobre como as definições de saúde e doença são construídas. Ao invés de encarar a "anormalidade" como doença, os autores propõem que a adesão irrefletida à normalidade pode ser mais prejudicial.
4. Desenvolvimento Pessoal. Os teóricos da normose argumentam que o crescimento e o desenvolvimento pessoal dependem da capacidade do indivíduo de transcender os limites impostos pela normalidade que oprime.

A patologia da normalidade reside na inibição da expressão pessoal e na estagnação.
5. Crítica Social. A normose é também uma crítica social que propõe uma reflexão sobre como valores e práticas estabelecidas podem perpetuar desigualdades e injustiças, sugerindo que mudanças sistemáticas são necessárias para a promoção de uma sociedade mais saudável e psicologicamente libertadora.
6. Individualidade versus Coletividade. A normose coloca em destaque o conflito entre a individualidade e os padrões coletivos. Os autores sugerem que, enquanto a sociedade impõe normas para manter a ordem e a previsibilidade, é essencial para o indivíduo manter um senso de identidade pessoal e propósito que pode, às vezes, estar em desacordo com essas normas.
7. Reflexão e Consciência. Combatendo o conceito de normose, os autores defendem a importância da reflexão contínua e do desenvolvimento da consciência. Sugerem que uma vida examinada é menos suscetível aos efeitos nocivos da normose e promove bem-estar psicológico e felicidade genuína.
8. Bem-estar Holístico. Encarando a normose como barreira ao bem-estar, a narrativa dos autores promove uma visão holística da saúde que integra aspectos físicos, mentais, emocionais e espirituais. Opõem-se, assim, às visões reducionistas que limitam o entendimento da saúde humana a um estado puramente físico ou biológico.

A ideia de normose convida a uma reavaliação crítica das normas sociais e a busca de um equilíbrio entre a adaptação social e a preservação do eu autêntico. Os autores desse conceito demandam uma maior valorização da diversidade de experiências e perspectivas, defendendo que a verdadeira saúde emerge na interseção entre o ser único e a comunidade na qual está inserido.

Este equilíbrio é visto como a chave para uma vida mais realizada e menos suscetível aos problemas que advêm do conformismo e da "normalidade" patológica.

> *"Quando um funcionário renuncia, na maioria das vezes ele não está abandonando a empresa, ele está abandonando seu chefe."*
>
> *Alexander Den Heijer[7]*

---

[7] Autor americano que se tornou conhecido por diversas citações no campo da motivação e do desenvolvimento pessoal.

10 AS EXPECTATIVAS E AS FRUSTRAÇÕES PROFISSIONAIS.

Refletir sobre as expectativas e frustrações profissionais é fundamental para compreender o impacto que o ambiente de trabalho pode ter na vida das pessoas. Muitas vezes, as expectativas criadas em torno da carreira e do sucesso profissional podem ser fonte de motivação, mas também de angústia e desilusão. Para ilustrar essa complexidade, recorro a algumas citações de autores renomados que abordam essa temática.

Para começar, é importante citar a escritora americana Maya Angelou, que disse.

> "As pessoas vão esquecer o que você disse, as pessoas vão esquecer o que você fez, mas as pessoas nunca esquecerão como você as fez sentir."

Essa frase ressalta a importância das relações humanas no ambiente de trabalho e como as expectativas de sucesso muitas vezes podem ser frustradas se não houver um ambiente de trabalho saudável e acolhedor.

Além disso, o filósofo alemão Friedrich Nietzsche afirmou. "Aquele que tem um porquê para viver pode suportar quase qualquer como." Essa citação destaca a importância de ter um propósito e uma motivação pessoal para lidar com as dificuldades e frustrações profissionais que inevitavelmente surgem ao longo da carreira. Ter clareza sobre os objetivos e valores pessoais pode ajudar a superar os desafios e manter o foco no caminho a ser percorrido.

No entanto, nem sempre as expectativas profissionais se concretizam da maneira esperada. Como bem disse o escritor russo Fiódor Dostoiévski, em sua obra "Crime e Castigo". "Os dois mais poderosos guias da ação humana são o interesse próprio e o amor-próprio."

Essa citação ressalta que as frustrações profissionais muitas vezes estão relacionadas à desconexão entre o que se deseja alcançar e a realidade vivenciada, seja por questões de autoimagem, competição desleal ou falta de reconhecimento.

Outro autor que abordou a relação entre expectativas e frustrações profissionais foi o psicoterapeuta austríaco Viktor Frankl, autor de "Em Busca de Sentido".

Figura 53 - Viktor Frankl.

Ele afirmou. "Quando não somos capazes de mudar uma situação, somos desafiados a mudar a nós mesmos." Essa citação nos lembra que, diante das frustrações e obstáculos profissionais, é essencial desenvolver a capacidade de adaptação, resiliência e autoconhecimento para encontrar novas alternativas e soluções.

Por fim, não poderia deixar de citar a escritora brasileira Clarice Lispector, que disse. "Liberdade é pouco. O que eu desejo ainda não tem nome." Essa frase nos leva a refletir sobre a busca constante por realização e plenitude no ambiente de trabalho, que muitas vezes pode ser acompanhada por expectativas elevadas e frustrações profundas. A liberdade de buscar novos caminhos e significados profissionais muitas vezes nos leva a descobrir aspectos desconhecidos de nós mesmos e a redefinir nossas prioridades e objetivos.

As expectativas e frustrações profissionais são elementos essenciais da jornada de cada indivíduo no mundo do trabalho. As citações dos autores citados acima nos convidam a refletir sobre a importância de cultivar relações saudáveis, definir nossos propósitos e valores, lidar com os obstáculos de forma criativa e desenvolver a capacidade de transformação e reinvenção pessoal. Através dessas reflexões, podemos encontrar maneiras de lidar com as expectativas e frustrações profissionais de forma mais consciente, equilibrada e autêntica.

As expectativas dos profissionais desempenham um papel fundamental em suas carreiras e no ambiente de trabalho em que estão inseridos. São elas que definem os objetivos, metas e aspirações que norteiam as ações e decisões dos colaboradores, influenciando diretamente sua motivação, engajamento e satisfação no trabalho. No entanto, as expectativas podem variar de acordo com o contexto profissional, as características individuais de cada profissional e as demandas do mercado de trabalho.

No mundo corporativo atual, cada vez mais competitivo e dinâmico, as expectativas dos profissionais podem ser influenciadas por uma série de fatores. Entre eles, destacam-se a busca por crescimento profissional, reconhecimento, remuneração adequada, equilíbrio entre vida pessoal e profissional, oportunidades de aprendizado e desenvolvimento, ambiente de trabalho positivo e colaborativo, entre outros. Essas expectativas refletem não apenas os anseios dos profissionais, mas também as demandas e valores de uma sociedade em constante transformação.

É importante ressaltar que as expectativas dos profissionais nem sempre são lineares ou estáticas. Elas podem se modificar ao longo do tempo, conforme as experiências vivenciadas, as mudanças no ambiente de trabalho e as próprias transformações pessoais e profissionais do indivíduo.

Por exemplo, um profissional recém-formado pode ter expectativas de ascensão rápida na carreira, enquanto um profissional mais experiente pode priorizar a qualidade de vida e o equilíbrio entre vida pessoal e profissional.

Além disso, as expectativas dos profissionais podem ser influenciadas por diferentes fatores, como a cultura da organização, o estilo de liderança, as oportunidades de crescimento e desenvolvimento oferecidas pela empresa, as condições de trabalho, o clima organizacional, entre outros.

Um ambiente de trabalho que valorize a transparência, a comunicação, a colaboração e o respeito mútuo tende a gerar expectativas mais alinhadas com as necessidades e valores dos profissionais, resultando em maior engajamento e satisfação no trabalho.

Por outro lado, a falta de alinhamento entre as expectativas dos profissionais e a realidade vivenciada no ambiente de trabalho pode gerar frustração, desmotivação e até mesmo desgaste emocional. Situações como falta de reconhecimento, sobrecarga de trabalho, ausência de oportunidades de crescimento, ambiente tóxico e desvalorização das competências e habilidades dos colaboradores podem levar a um descompasso entre o que se espera e o que de fato se vivencia no dia a dia profissional.

Nesse sentido, é fundamental que as organizações estejam atentas às expectativas dos seus colaboradores e busquem promover um ambiente de trabalho que seja capaz de atendê-las da melhor forma possível. Isso inclui a valorização do capital humano, o estabelecimento de uma cultura organizacional que estimule a colaboração e o desenvolvimento pessoal e profissional, o reconhecimento do trabalho bem-feito, a comunicação transparente e eficaz, o incentivo à inovação e à criatividade, e o cuidado com o bem-estar e a qualidade de vida dos profissionais.

Por outro lado, é importante que os profissionais também estejam conscientes de suas próprias expectativas e busquem alinhar seus objetivos e valores com as oportunidades oferecidas no ambiente de trabalho. Isso requer autoconhecimento, clareza sobre os objetivos profissionais, capacidade de adaptação e flexibilidade

diante das mudanças e desafios que surgem ao longo da carreira. É essencial que os profissionais sejam proativos na busca por oportunidades de aprendizado, crescimento e desenvolvimento, e estejam abertos a novas possibilidades e desafios que possam surgir em suas trajetórias profissionais.

Em síntese, as expectativas dos profissionais desempenham um papel essencial na definição de seus objetivos, metas e aspirações no ambiente de trabalho. Elas refletem não apenas os anseios individuais dos colaboradores, mas também as demandas e valores de uma sociedade em constante transformação.

É fundamental que as organizações estejam atentas às expectativas de seus colaboradores e busquem criar um ambiente de trabalho que seja capaz de atendê-las, promovendo o engajamento, a produtividade e o bem-estar dos profissionais. Por sua vez, os profissionais devem estar conscientes de suas próprias expectativas, buscar alinhá-las com as oportunidades oferecidas no ambiente de trabalho e desenvolver competências pessoais e profissionais que possam contribuir para o seu crescimento e sucesso na carreira.

Ao promover um diálogo aberto, transparente e colaborativo entre os profissionais e as organizações, é possível criar um ambiente de trabalho saudável, motivador e estimulante, que atenda às expectativas e necessidades de todos os envolvidos, gerando benefícios mútuos e contribuindo para o desenvolvimento pessoal e profissional de forma sustentável e equilibrada.

11 EM BUSCA DO RECONHECIMENTO PERDIDO.

Ser um profissional dedicado e comprometido com o trabalho é uma qualidade valorizada em muitas organizações. No entanto, quando o esforço e dedicação de um indivíduo ultrapassam os limites saudáveis e se transformam em um comportamento autodestrutivo, o cenário pode se tornar extremamente desafiador e prejudicial para a saúde mental e emocional do profissional. A situação se torna ainda mais complexa e desgastante quando a empresa não reconhece o esforço e o sacrifício feitos pelo colaborador em prol do seu trabalho.

11.1   A falta de reconhecimento.

Muitos profissionais se dedicam integralmente ao trabalho, investindo horas extras, renunciando a momentos de lazer e convívio social, e priorizando as demandas da empresa em detrimento de sua própria saúde e bem-estar. Essa postura de "se matar pelo trabalho" é motivada por diferentes fatores, como a busca por reconhecimento, a pressão por resultados, a competitividade no ambiente profissional, o medo de perder o emprego e a autoexigência exacerbada.

No entanto, quando o profissional se vê em uma situação em que os sacrifícios feitos em nome do trabalho não são reconhecidos e valorizados pela empresa, sentimentos de frustração, desânimo e desmotivação podem surgir. A falta de reconhecimento do esforço e da dedicação do colaborador pode gerar um sentimento de desvalorização, resultando em um ambiente de trabalho tóxico e desmotivador, que compromete não apenas a saúde mental e emocional do profissional, mas também o seu desempenho e produtividade.

A ausência de reconhecimento por parte da empresa pode gerar um ciclo vicioso de esgotamento, despersonalização e diminuição da realização profissional, características típicas do burnout. O profissional, que se dedicou intensamente ao trabalho na expectativa de ser reconhecido e valorizado, se vê cada vez mais desgastado, desmotivado e desiludido, sem perspectivas de mudança ou melhoria em sua situação.

Nesse contexto, é fundamental que as organizações estejam atentas aos sinais de esgotamento e sobrecarga dos colaboradores e valorizem o bem-estar e a saúde mental de seus profissionais.

Reconhecer e recompensar o esforço e a dedicação dos colaboradores, promover um ambiente de trabalho saudável e equilibrado, estimular a comunicação aberta e o feedback construtivo, e oferecer oportunidades de desenvolvimento e crescimento são medidas essenciais para prevenir o desgaste profissional e promover o engajamento e a motivação dos profissionais.

Figura 54 – Falta de reconhecimento profissional.

Por outro lado, é importante que o profissional que se vê em uma situação de esgotamento e falta de reconhecimento reflita sobre seus limites e prioridades, e busque estratégias de autocuidado e equilíbrio para preservar sua saúde mental e emocional.

Estabelecer limites claros entre vida pessoal e profissional, praticar atividades físicas, dedicar tempo para o lazer e o descanso, buscar apoio emocional e psicológico quando necessário, são algumas medidas que podem ajudar a lidar com o excesso de trabalho e a falta de reconhecimento.

Além disso, é fundamental que o profissional busque dialogar com a empresa sobre suas expectativas, necessidades e limites, e busque alternativas para melhorar sua qualidade de vida no trabalho. O diálogo aberto e transparente com os gestores e colegas pode contribuir para a construção de um ambiente de trabalho mais saudável, colaborativo e empático, onde o esforço e a dedicação de cada profissional sejam reconhecidos e valorizados.

Em última análise, a relação entre o profissional que se dedica intensamente ao trabalho e a empresa que não reconhece esse esforço é complexa e multifacetada. É fundamental que as organizações valorizem e reconheçam o esforço e a dedicação de seus colaboradores, promovendo um ambiente de trabalho saudável, que valorize o bem-estar e a saúde mental dos profissionais.

Ao mesmo tempo, é essencial que os profissionais estejam atentos aos seus limites e prioridades, e busquem estratégias de cuidado e equilíbrio para preservar sua qualidade de vida e seu bem-estar no contexto do trabalho. Somente através de um diálogo aberto, transparente e empático, onde as necessidades e expectativas de ambos os lados sejam levadas em consideração, é possível construir um ambiente de trabalho mais saudável, motivador e satisfatório para todos os envolvidos.

A busca por um equilíbrio entre o trabalho e a vida pessoal, o cuidado com a saúde mental e emocional, e o reconhecimento do próprio valor e importância, são peças-chave para lidar de forma construtiva e saudável com a situação de se sentir "morto pelo trabalho" e não ser reconhecido por isso.

11.2 A falta de reconhecimento dos clientes.

O empreendedorismo é uma jornada desafiadora e repleta de altos e baixos. Muitos empreendedores colocam todo o seu empenho, tempo e recursos em seus negócios, dedicando-se integralmente ao atendimento e satisfação dos clientes.

No entanto, quando esse esforço não é devidamente reconhecido pelos clientes, o cenário pode se tornar extremamente desgastante e frustrante para o empreendedor. Sentir-se como alguém que "se mata pelos clientes" e não recebe o devido valor em troca pode ser devastador para a motivação e a autoestima do empreendedor.

Muitas vezes, os empreendedores se esforçam ao máximo para oferecer produtos e serviços de qualidade, atendimento personalizado, soluções inovadoras e experiências positivas aos seus clientes, na expectativa de construir relacionamentos duradouros e fidelizar sua clientela.

No entanto, mesmo com todo esse empenho e dedicação, é possível que alguns clientes não reconheçam o valor do trabalho e do serviço prestado pelo empreendedor, subestimando o seu esforço e o seu comprometimento com a excelência.

A falta de reconhecimento dos clientes pode se manifestar de diversas formas, como críticas injustas, reclamações infundadas, falta de engajamento, desvalorização do preço justo pelo produto ou serviço oferecido, falta de fidelidade à marca e baixa valorização da relação estabelecida com o empreendedor. Essas situações podem gerar sentimentos de desilusão, desânimo e desmotivação no empreendedor, que se vê diante do dilema de como lidar com a falta de valorização e reconhecimento por parte dos clientes.

É importante ressaltar que a relação entre empreendedores e clientes deve ser pautada pela parceria, pela confiança mútua e pelo respeito mútuo. Os clientes são peças-chave no sucesso de um negócio, sendo essenciais para sua sustentabilidade e crescimento.

Por isso, é fundamental que os empreendedores busquem estabelecer uma comunicação transparente e eficaz com seus clientes, ouvindo suas necessidades e feedbacks, buscando constantemente aprimorar seus produtos e serviços, e estabelecendo uma relação de confiança e respeito mútuo.

No entanto, nem sempre essa relação acontece de forma plenamente satisfatória. Quando os empreendedores se sentem como se estivessem se "matando" pelos clientes e não recebem o devido valor e reconhecimento em troca, é fundamental que busquem estratégias para lidar com essa situação de forma saudável e construtiva. Uma delas é o estabelecimento de limites claros, tanto em relação ao tempo dedicado aos clientes quanto às expectativas e demandas que podem ser atendidas de forma realista.

Figura 55 – Falta de reconhecimento dos clientes.

Além disso, é importante que os empreendedores avaliem a qualidade dos relacionamentos estabelecidos com os clientes, buscando identificar possíveis falhas na comunicação, na entrega do produto ou serviço, na experiência do cliente e na percepção do valor oferecido.

A autocrítica e a reflexão sobre o próprio desempenho e as práticas adotadas no negócio podem ajudar a identificar áreas de melhoria e a implementar mudanças que contribuam para a valorização e fidelização dos clientes.

Por outro lado, é essencial que os empreendedores não se deixem abalar pela falta de reconhecimento dos clientes e busquem valorizar o seu próprio trabalho e empenho.

A autovalorização e a autoconfiança são fundamentais para manter a motivação e a persistência diante dos desafios e obstáculos do empreendedorismo. Reconhecer o próprio valor, celebrar as conquistas e os sucessos alcançados, e buscar o equilíbrio entre a dedicação ao negócio e a preservação da qualidade de vida e do bem-estar emocional são atitudes essenciais para lidar com a falta de reconhecimento por parte dos clientes.

Por fim, é importante que os empreendedores busquem apoio emocional e profissional quando necessário, seja através do diálogo com outros empreendedores, de coaching ou mentoria, ou de serviços de apoio psicológico e especializado.

O enfrentamento da falta de reconhecimento por parte dos clientes requer não apenas autoconhecimento e autogerenciamento emocional, mas também o apoio e a orientação de pessoas que possam oferecer suporte e orientação neste processo.

Ser um empreendedor dedicado que se "mata" pelos clientes e não recebe o devido valor em troca pode ser uma experiência desafiadora e desgastante. No entanto, é essencial que os empreendedores busquem estratégias para lidar com essa situação de forma construtiva e saudável, valorizando o seu próprio trabalho, estabelecendo limites claros, avaliando a qualidade dos relacionamentos com os clientes e buscando apoio emocional quando necessário.

A busca pela autovalorização e a confiança no próprio potencial são fundamentais para manter a motivação, a persistência e a resiliência diante das adversidades do empreendedorismo. Ao reconhecer e valorizar o seu próprio esforço e dedicação, os empreendedores podem encontrar o equilíbrio entre a satisfação pessoal e profissional, e construir relações mais saudáveis, produtivas e gratificantes com os seus clientes.

A verdadeira atitude empreendedora

> "A atitude empreendedora não é tanto uma questão de perspectiva empírica quanto uma postura de vontade pronta para agarrar oportunidades e enfrentar desafios com determinação."
>
> John C. Maxwell[8]

---

[8] Autor conhecido por seus trabalhos sobre sucesso e desenvolvimento de habilidades de liderança.

12 OS SEGREDOS PARA TER UMA VERDADEIRA ATITUDE EMPREENDEDORA.

Ter uma verdadeira atitude empreendedora vai muito além de ter uma ideia inovadora ou querer iniciar o próprio negócio. É uma postura de vida, uma mentalidade que engloba coragem, determinação, capacidade de assumir riscos, resiliência e criatividade.

Para ser um profissional de sucesso, é preciso desenvolver certas habilidades e adotar uma série de atitudes que podem fazer toda a diferença no caminho do empreendedorismo.

Vamos explorar alguns dos segredos para ter uma verdadeira atitude empreendedora.

12.1   Visão e Inovação.

A importância de ter uma visão clara do que se quer alcançar e de ser capaz de enxergar oportunidades onde os outros veem obstáculos é destacada como essencial para o empreendedorismo.

> *"Ter uma visão clara do objetivo é o primeiro passo para alcançar o sucesso em qualquer empreendimento. É necessário saber para onde se está indo para poder traçar um caminho e superar os desafios que surgirem no percurso".*

A capacidade de inovar, de pensar de forma criativa e de encontrar soluções para problemas complexos também são características fundamentais para quem deseja empreender com sucesso, como afirmado por [Inserção de autor(a) aqui].

A inovação é o motor que impulsiona o empreendedorismo. É preciso pensar fora da caixa, buscar constantemente novas ideias e abordagens, e estar disposto a arriscar e a experimentar novas soluções.

O empreendedorismo é um campo dinâmico e desafiador, que exige flexibilidade, resiliência e capacidade de se adaptar rapidamente às mudanças do mercado e às novas demandas dos clientes.

12.2   2. Determinação e Persistência.

No segmento da administração, o caminho do empreendedorismo é reconhecidamente desafiador, com uma série de obstáculos e fracassos ao longo do percurso. É fundamental ter determinação e persistência para superar os obstáculos que surgirem no caminho e manter o foco no objetivo final.

A capacidade de aprender com os erros e seguir adiante, mesmo diante das dificuldades, é essencial para o sucesso empreendedor. É necessário ter humildade para reconhecer os erros, corrigir o rumo e continuar avançando com determinação e foco na meta estabelecida."

A resiliência é outra qualidade fundamental para enfrentar os altos e baixos do empreendedorismo. A resiliência é a capacidade de se adaptar, persistir e se recuperar diante das adversidades. Nos momentos de dificuldade, é essencial manter a calma, a confiança e a determinação para superar os obstáculos e seguir em frente com força e coragem.

12.3   Capacidade de Aprendizado.

Para se alcançar o sucesso como empreendedor, é imperativo adotar uma postura de aprendizado contínuo, que transcende a simples aquisição de conhecimentos básicos iniciais.

O processo de aprendizado é infindável e profundamente entrelaçado com o desenvolvimento profissional e pessoal. Assim, para pavimentar um caminho próspero no campo do empreendedorismo, aqui estão algumas dicas e orientações essenciais.

1. Cultive a Curiosidade Intelectual. O primeiro passo para um empreendedor bem-sucedido é desenvolver uma curiosidade insaciável. Questione o funcionamento das coisas, busque entender tendências e tecnologias emergentes e tenha um interesse genuíno em diversas áreas do conhecimento.

2. Adote a Mentalidade do Aprendizado Permanente. É fundamental encarar a educação como um processo sem fim. Isso implica em buscar ativamente novas fontes de conhecimento, seja por meio de livros, cursos, podcasts, seminários ou pela interação com outros empreendedores e especialistas da indústria.

3. Esteja Atento às Mudanças de Mercado. O cenário comercial é dinâmico e evolui constantemente. Acompanhe as mudanças e tendências do seu setor de atuação, participando de eventos da indústria e redes profissionais. Isso permite não apenas aprender, mas também antecipar movimentos que podem afetar seu negócio.

4. Aprenda com os Erros. O caminho até o topo estará repleto de falhas e contratempos. Em vez de desanimar, veja essas situações como oportunidades de aprendizado. Analise o que deu errado e o que pode ser feito diferente no futuro. Aprender com os próprios erros é uma característica valiosa para qualquer empreendedor.

5. Invista em Formação e Desenvolvimento. Não poupe esforços ou recursos para adquirir novas habilidades e competências. Fazer cursos, participar de workshops e conseguir certificações são maneiras efetivas de manter-se atualizado e competitivo no mercado.

6. Seja Receptivo ao Feedback. Não ignore a opinião dos outros, especialmente de clientes, mentores e colegas. O feedback é uma ferramenta poderosa de aprendizado e pode fornecer insights valiosos que ajudarão a melhorar seu negócio. Pratique a escuta ativa e aprenda a filtrar e aplicar as críticas construtivas.

7. Implemente a Inovação. Após adquirir novos conhecimentos, é crucial aplicá-los de forma inovadora em seu empreendimento. A inovação não é apenas inventar algo completamente novo, mas também saber adaptar e melhorar o que já existe.

8. Construa uma Rede de Contatos De Aprendizado. Estabeleça uma rede de contatos com pessoas que podem contribuir para o seu crescimento profissional. Pode ser um grupo de mentores, colegas de setor, ou até concorrentes. Aprenda com as experiências deles e leve as lições ao seu negócio.

9. Mantenha o Equilíbrio. Embora seja essencial ser proativo no aprendizado é importante também manter o equilíbrio. Dedique-se a aprender sem sacrificar seu bem-estar. O excesso de trabalho e a falta de descanso podem prejudicar sua capacidade de absorver novos conhecimentos.

10. Documente Sua Jornada de Aprendizado. Mantenha um registro das suas descobertas, ideias e reflexões. Escrever sobre o que você aprende não apenas solidifica o conhecimento, mas também ajuda a refletir sobre a aplicabilidade prática das informações adquiridas.

11. Busque Aperfeiçoamento Contínuo. O objetivo é nunca se acomodar. Sempre haverá algo novo para aprender e maneiras de otimizar seu negócio. Dedique-se a esse aperfeiçoamento contínuo para manter-se à frente e garantir uma trajetória de sucesso.

Ao incorporar essas dicas e orientações na sua rotina, você se posicionará como um empreendedor resiliente e adaptável, capaz de navegar pelas ondas de mudança que caracterizam o ambiente de negócios contemporâneo. Lembre-se, o aprendizado é a matéria-prima

12.4 Networking e Colaboração.

Networking eficaz e colaboração estratégica são pilares vitais para qualquer empreendedor que deseja alcançar o êxito em suas iniciativas. A construção de uma rede de contatos robusta não acontece da noite para o dia; ela exige dedicação consciente e planejamento.

É um investimento que pode render dividendos substanciais, como novas oportunidades de negócios, parcerias de longo prazo e conselhos inestimáveis.

Aqui estão algumas estratégias para fortalecer sua rede de contatos e cultivar colaborações produtivas.

1. Participe de Eventos do Setor. Faça presença em conferências, workshops e seminários relacionados ao seu campo de atuação. Estes são palcos ideais para encontrar colegas empreendedores, potenciais parceiros de negócios e mentores. Leve cartões de visita e esteja preparado para apresentar seu negócio de forma concisa e interessante.
2. Use as Mídias Sociais a Seu Favor. Plataformas como LinkedIn, Twitter e até Instagram podem ser ferramentas excelentes para networking no ambiente digital. Publique conteúdos relevantes, junte-se a grupos de discussão e interaja com outros profissionais. A consistência e a valorização do engajamento são cruciais aqui.
3. Crie um 'Elevator Pitch' Eficaz. Você deve ser capaz de expressar o que faz, o que sua empresa oferece e o que a distingue em um discurso curto e impactante. Um bom 'elevator pitch' pode capturar a atenção e despertar o interesse de outros profissionais em eventos de networking.
4. Seja um Conector. Networking não é apenas sobre o que você pode obter, mas também sobre o que você pode oferecer. Conecte pessoas que podem

beneficiar-se mutuamente. Isso não só gera boa vontade, como também estabelece sua reputação como alguém valioso dentro de sua rede.

5. Ofereça Valor Antes de Pedir Ajuda. Uma maneira eficaz de construir relações duradouras é oferecer ajuda ou recursos valiosos sem esperar nada em troca. Pode ser algo tão simples quanto compartilhar um artigo relevante ou oferecer sua expertise em uma área específica. Quando você ajuda os outros, as pessoas ficam mais inclinadas a retribuir a ajuda no futuro.

6. Mantenha o Contato. Depois de conhecer novos profissionais, é importante manter a conexão. Seja através de um e-mail de acompanhamento, uma ligação ou uma mensagem em redes sociais, o objetivo é manter a comunicação ativa. Isso pode transformar um simples contato em uma relação profissional duradoura.

7. Colabore de Forma Generosa. Quando iniciar colaborações ou parcerias, entre com a mentalidade de gerar valor mútuo. Projetos colaborativos devem beneficiar todas as partes envolvidas. Ser generoso com sua rede pode levar a um apoio mais significativo quando você mais precisar.

8. Envolva-se na Comunidade Local. As oportunidades de networking não estão limitadas ao mundo online ou a eventos de grande escala. Participar de atividades comunitárias locais e se envolver em causas ou eventos locais podem abrir portas para conexões autênticas.

9. Crie ou Participe de Grupos de Mastermind. Grupos de mastermind, constituídos por empreendedores e profissionais com mentalidades semelhantes, são um excelente espaço para colaboração. Eles proporcionam uma atmosfera de motivação mútua, troca de ideias, feedback e apoio contínuo.

10. Seja Autêntico. Em suas interações, seja você mesmo. As pessoas são atraídas por autenticidade e são mais propensas a confiar em você quando veem que você é genuíno. Isto cria uma atmosfera propícia para o compartilhamento de ideias e a colaboração honesta.

11. Desenvolva Habilidades de Comunicação. Boas habilidades de comunicação são vitais para o networking. Saiba ouvir ativamente e mostrar interesse genuíno pelo que os outros estão dizendo. Além disso, saber se expressar claramente ajuda a evitar mal-entendidos e a construir uma comunicação eficaz.

12. Acompanhe e Agrade ça. Após interações bem-sucedidas ou parcerias que deram certo, sempre agradeça às pessoas envolvidas. Reconhecer a colaboração e valorizar o tempo de alguém reforça laços e aumenta a probabilidade de cooperação futura.

Empregar estas estratégias de networking e colaboração irá fortalecer sua rede de contatos e abrir portas para oportunidades inesperadas e vantajosas. Cada conexão é um investimento no seu capital social e, por extensão, no futuro e na estabilidade do seu empreendimento.

E lembre-se, o verdadeiro poder do networking não está apenas na quantidade de contatos, mas na qualidade e profundidade das relações que você cultiva e mantém ao longo do tempo.

12.5   Foco e Planejamento.

O caminho para o sucesso no mundo do empreendedorismo é pavimentado com metas bem definidas, planejamento estratégico e uma dedicação inabalável ao foco. Estabelecer e perseguir essas metas não é tarefa pequena; requer uma combinação de visão clara, habilidades organizacionais e disciplina.

Abaixo, encontram-se algumas estratégias-chave que os empreendedores podem empregar para se manterem na trilha do sucesso.

1. Estabeleça Metas Inteligentes. As metas devem ser Específicas, Mensuráveis, Atingíveis, Relevantes e Temporalmente definidas (SMART). Isso significa estabelecer objetivos claros que você pode medir, alcançar de forma realista, relevante para os seus objetivos de negócios e com um prazo.
2. Desenvolva um Plano de Ação. Um bom plano de ação desdobra as metas em passos gerenciáveis. Isso ajuda a evitar a sensação de sobrecarga e a tornar o progresso tangível. Para cada meta, escreva quais são as etapas necessárias para alcançá-la e atribua prazos específicos a cada uma delas.
3. Priorize Tarefas. Nem todas as tarefas são criadas iguais. Aprenda a identificar quais atividades têm o maior impacto sobre suas metas e dê a elas a atenção que merecem. Ferramentas como a matriz de Eisenhower,

que divide as tarefas em categorias de urgência e importância, podem ajudar na priorização.

4. Administre Seu Tempo Eficientemente. Ferramentas de gestão de tempo, como a Técnica Pomodoro ou aplicativos de rastreamento de tempo, podem ser utilizadas para aumentar a produtividade. Defina blocos de tempo para trabalhar em tarefas específicas e minimize as interrupções.
5. Monitore e Revise o Progresso. Estabeleça indicadores de desempenho para monitorar o progresso em direção aos seus objetivos. Isso vai ajudá-lo a se manter no caminho certo e a identificar rapidamente onde são necessários ajustes. Faça revisões regulares do seu progresso e esteja disposto a realinhar seu plano de ação quando necessário. Ser flexível e capaz de se adaptar é crucial em um ambiente de negócios que está sempre mudando.
6. Utilize Ferramentas de Planejamento. Softwares e sistemas de planejamento, como planilhas, aplicativos de gerenciamento de projetos (como Trello, Asana ou Monday.com), podem ser extremamente úteis no rastreamento das etapas necessárias para atingir seus objetivos. Use-os para atribuir tarefas, definir lembretes e manter a equipe toda na mesma página.
7. Minimize as Distrações. Em um mundo repleto de interrupções, manter o foco é um desafio. Crie um ambiente de trabalho que minimize as distrações, e seja disciplinado em relação ao check-in de e-mails e uso das redes sociais durante horários de trabalho dedicados.
8. Cultive Hábitos Produtivos. Hábitos como começar o dia com as tarefas mais desafiadoras ou planejar o dia seguinte na noite anterior podem aumentar significativamente a produtividade e o foco. Identifique quais hábitos contribuem para o seu sucesso e faça um esforço consciente para mantê-los.
9. Eduque-se Continuamente Sobre Gestão. Mantenha-se atualizado com novas metodologias de gestão e produtividade, como o método Agile, Lean Startup, entre outros. Aplicar princípios e técnicas atualizadas pode otimizar seu fluxo de trabalho e eficiência.
10. Saiba Quando Delegar. Entender que você não pode fazer tudo sozinho é fundamental. Delegue tarefas que outros podem fazer igualmente bem ou melhor, para que você possa se concentrar nas que têm maior impacto para o negócio e que exigem suas habilidades únicas.

11. Mantenha o Bem-estar. Reconheça que o sucesso a longo prazo também depende da sua saúde física e mental. Inclua pausas, exercícios e tempo de lazer no seu planejamento. Um em empreendedor descansado e saudável é mais capaz de manter um foco aguçado e de realizar suas tarefas de forma eficiente.

Empreender é uma jornada complexa com muitas variáveis, mas tendo metas bem estabelecidas, um planejamento eficaz e mantendo-se focado, você estará bem equipado para superar os desafios.

Uma gestão de tempo astuta e uma execução disciplinada do seu plano, com avaliações periódicas, são as pedras angulares para alcançar os resultados almejados.

Lembre-se de que a flexibilidade e a capacidade de se adaptar a mudanças são igualmente importantes, já que planos podem necessitar de ajustes conforme novas informações e circunstâncias surgirem.

Contanto que você mantenha um compromisso com seus objetivos e com o processo, mantendo suas prioridades em linha com sua visão de longo prazo, você estará no caminho para manter o seu negócio em crescimento e alcançar o sucesso sustentável.

12.6   Coragem e Assunção de Riscos.

O empreendedor que aspira ao êxito não apenas navega, mas dança com a incerteza e o risco, valendo-se de coragem, audácia e uma poderosa disposição para aventurar-se além dos limites do conhecido.

Para conquistar o panteão do sucesso empresarial, é preciso balizar a intrepidez com estratégia, sabedoria e um intrépido entendimento de que riscos calculados podem ser a bússola que guia ao tesouro da realização profissional e pessoal.

Aqui, temos um compêndio de dicas e orientações a fim de capacitar o profissional a tornar-se um empreendedor bem-sucedido mediante a assunção ponderada de riscos.

1. Fortifique sua Tolerância ao Risco. Inicialmente, um empreendedor deve avaliar e fortalecer sua capacidade de enfrentar incertezas. Entenda seu apetite e limite para o risco e trabalhe para expandi-lo gradualmente, acostumando-se à ideia de que o risco é um aspecto intrínseco do empreendedorismo.
2. Avalie os Riscos Detalhadamente. É vital analisar todos os aspectos que compõem o risco. Invista tempo em pesquisa de mercado, análise de concorrência e viabilidade financeira. Conhecimento é a armadura do empreendedor na arena dos riscos.
3. Comece com Riscos Menores. Inicie sua jornada empreendedora assumindo riscos menores e aprenda com os resultados. Isso constrói experiência e confiança, preparando-o para desafios maiores e mais impactantes à medida que sua empresa cresce.
4. Selecione Riscos Calculados. Baseie suas escolhas em dados sólidos, não em suposições. Empregue ferramentas analíticas e consultorias especializadas para tomar decisões informadas. Riscos calculados são aqueles que você entende completamente e está preparado para gerenciar.
5. Foque em Inovação com Responsabilidade. A coragem para inovar é crucial, mas deve ser balanceada com um calibrado senso de responsabilidade. Explore Para florescer no dinâmico jardim do empreendedorismo, é imperativo cultivar a coragem e a disposição para assumir riscos conscientemente. Este é o solo fértil onde germinam as sementes das grandes inovações e sucessos empresariais. Em um ambiente de negócios marcado por volatilidade e incertezas, os empreendedores que se destacam não são apenas aqueles que estão dispostos a saltar para o desconhecido, mas os que fazem isso munidos de uma bússola estratégica e uma rede de segurança formada por conhecimento e planejamento.
6. Cultive uma Mentalidade de Crescimento. Encare desafios como oportunidades de aprendizado e crescimento pessoal e profissional. Esta

mentalidade irá encorajá-lo a ver além do medo do fracasso e a enxergar cada risco como um degrau potencial para o sucesso.

7. Compreenda Seus Limites. Reconheça seus limites financeiros, emocionais e temporais. Estabelecer limites claros é vital, pois permite que você saiba até onde pode ir sem comprometer sua estabilidade fundamental e bem-estar.
8. Desenvolva um Plano de Ação. Tenha um roteiro claro sobre como irá proceder. Defina seus objetivos, crie estratégias para alcançá-los e desenvolva planos de ação detalhados para implementar suas ideias.
9. Crie um Contingente para Emergências. Estabeleça um fundo de reserva ou um plano de contingência para emergências novas soluções e tecnologias, mas esteja preparado para fazer ajustes rápidos se os resultados não estiverem alinhados com os objetivos do negócio.
10. Aceite o Fracasso Como Parte do Processo. O fracasso muitas vezes é o prelúdio do sucesso. Aprenda com cada erro, adapte-se e continue a avançar. O fracasso não é o oposto do sucesso; é um de seus componentes.
11. Mantenha a Visão Clara, mas Seja Flexível no Caminho. Tenha uma direção clara para onde deseja levar o negócio, mas esteja disposto a adaptar-se às circunstâncias e aproveitar oportunidades inesperadas.
12. Construa Uma Cultura Organizacional Resiliente. Cultive uma equipe que compartilha da sua disposição para assumir riscos calculados, encorajando a inovação e a criatividade. Uma equipe resiliente que mantém o foco nos objetivos compartilhados é um ativo inestimável em momentos de incerteza.
13. Invista em Relacionamentos e Rede de Apoio. Estabeleça conexões com outros empreendedores e busque mentores. Uma rede de apoio sólida pode oferecer conselhos valiosos, além de servir como um sistema de suporte em tempos difíceis.
14. Aprenda a Reconhecer e Agradecer o Progresso. Celebre as conquistas pequenas e grandes ao longo do caminho. Isso ajuda a manter a motivação e a perspectiva positiva, essenciais para quando você está navegando em águas desconhecidas.

12.7 Ética e Integridade.

A verdadeira essência do empreendedorismo transcende a mera acumulação de riqueza material; ela se enraíza profundamente em uma fundação de ethos e integridade inquestionáveis.

Cada decisão e ação tomada no palco do mundo profissional ecoa uma narrativa de valores, e é por meio dessa narrativa que a reputação de um negócio é tecida e sua sustentabilidade é assegurada. No cerne do sucesso duradouro encontra-se um compromisso inabalável em operar com transparência e honradez.

Aqui estão alguns princípios fundamentais para cultivar o papel de um profissional ético.

1. Defina e Viva pelos Seus Valores Fundamentais: Conheça-se primeiro. Identifique quais são seus valores nucleares e certifique-se de que cada aspecto do seu negócio reflita esses valores. Eles servirão como a bússola que guiará suas escolhas, especialmente em tempos de dilema ético.

2. Pratique a Transparência Ativa: Seja aberto sobre suas práticas e políticas de negócios. Deixe claro para parceiros, clientes e funcionários o que sua empresa representa e como você opera, estabelecendo assim um padrão de confiança e expectativa.

3. Fomente uma Cultura Corporativa Ética: Como líder, é sua responsabilidade cultivar uma cultura que valorize a integridade em todos os níveis da organização. Isso é feito não apenas estabelecendo um Código de Ética corporativo, mas também liderando pelo exemplo e recompensando comportamentos que alinham com esses princípios.

4. Comprometa-se com a Honestidade nas Relações Comerciais: Isso significa ser franco em negociações, manter as promessas e compromissos, e comunicar-se de forma clara e direta. A honestidade consolida a base para todas as relações duradouras e de confiança.

5. Tome Decisões Justas e Responsáveis: Considere não apenas os resultados financeiros de suas ações, mas também as implicações éticas e os impactos sobre a equipe, clientes, meio ambiente e a comunidade em geral.

Portanto, um empreendedor bem-sucedido deve ansiar por ir além das metas financeiras e dos objetivos quantitativos, enraizando as operações do negócio em princípios inquestionáveis de justiça e transparência.

12.8   Paixão e Propósito.

A paixão é a centelha que acende a chama do empreendedorismo, e o propósito é a força que mantém essa chama ardente, mesmo diante da tempestade. Abraçar um negócio com paixão genuína não é apenas sobre investir tempo e recursos; é sobre mergulhar de corpo e alma em uma causa que transcenda o superficial. Esta união de paixão e propósito torna-se então combustível inesgotável, guiando o empreendedor através dos solavancos e das reviravoltas da jornada empresarial.

1. Descubra sua Verdadeira Paixão. Procure entender o que verdadeiramente o move. Pode ser um interesse de longa data, um problema que você quer resolver ou uma necessidade que você deseja atender. Encontrar seu nicho de paixão garante que o trabalho nunca seja apenas uma tarefa a cumprir, mas uma vocação a seguir.
2. Alinhe seu Propósito com sua Visão de Negócio. Defina claramente a missão e os valores do seu negócio e certifique-se de que eles ecoem seu propósito pessoal. Isso não só confere um significado mais profundo ao seu trabalho diário, mas também fomenta um elo inquebrável com seus clientes e colaboradores, que perceberão e serão atraídos por essa autenticidade.
3. Deixe que a Paixão Dirija a Inovação. Quando você está apaixonado pelo que faz, você naturalmente se esforça para melhorar continuamente e inovar. Esta motivação interna é a chave para criar soluções e produtos que se destacam no mercado.

4. Use o Propósito para Manter o Foco. Os altos e baixos são inevitáveis em qualquer empreitada. Quando os tempos são difíceis, lembre-se do 'porquê' por trás do seu negócio. Este propósito irá mantê-lo focado e motivado para superar qualquer obstáculo.
5. Comunique sua Paixão e Propósito. Quando você comunica sua paixão e seu propósito, você não apenas inspira sua equipe, mas também cultiva uma conexão mais profunda com seus clientes. As pessoas são naturalmente atraídas por histórias e movidas por emoções; portanto, ao partilhar as razões pelas quais você é apaixonado pelo que faz e o propósito que impulsiona sua empresa, você cria uma marca mais humana e carismática.
6. Transforme a Paixão em Persistência. A paixão pode ser o que o leva a começar, mas também é o que o manterá persistindo diante do desânimo. Os desafios podem abalar a confiança, mas a paixão é um lembrete poderoso de que vale a pena perseverar e aspirar à excelência.
7. Incorpore o Propósito em Todas as Decisões. Quando cada decisão tomada está embasada no propósito do negócio, cria-se uma integridade interna que é difícil de ser abalada. Essas decisões, por menor impacto que possam ter individualmente, compõem o mosaico da identidade empresarial e centrar-se no propósito assegura que este mosaico represente fielmente os valores da empresa.
8. Nutra o Crescimento com Paixão. A paixão conduz a um desejo natural de crescimento e aprendizado. Permaneça curioso e comprometido em desenvolver suas habilidades e conhecimento; este é um processo contínuo que alinha a paixão pessoal com o desenvolvimento profissional e empresarial.
9. Construa uma Equipe que Compartilha de sua Paixão e Propósito. Cultivar uma cultura corporativa onde cada membro da equipe sente-se igualmente comprometido com a missão da empresa potencializa o moral e a efetividade da equipe. Funcionários que compartilham dos mesmos valores e paixão irão naturalmente se esforçar e contribuir para o sucesso coletivo.
10. Renove e Revigore sua Paixão. Com o tempo e diante das dificuldades, é comum que uma centelha de paixão possa diminuir. Encontre maneiras de renovar essa energia, seja por meio de um hobby relacionado, interação com clientes, ou simplesmente reservando um tempo para relembrar as origens

do seu entusiasmo. A autopreservação da paixão é uma tarefa que, embora muitas vezes negligenciada, é vital para o bem-estar emocional e profissional do empreendedor.

11. Celebre Sucessos, Grandes e Pequenos. Cada conquista ao longo do caminho, seja ela um pequeno marco ou um grande triunfo, deve ser celebrada. Essas celebrações são lembretes tangíveis de que sua paixão e propósito estão gerando resultados reais.
12. Mostre Gratidão pela Jornada. A gratidão não só humilha e conecta com os outros, mas também serve para alimentar a paixão quando confrontada com o cansaço ou a complacência. Agradecer pelas experiências, pelos aprendizados e pelas pessoas que contribuem para o percurso fortalece a motivação e a dedicação ao propósito.
13. Respeite o Equilíbrio entre Trabalho e Vida Pessoal. É fácil deixar a paixão pelo trabalho consumir todo o seu tempo, mas para manter essa paixão acesa a longo prazo, é necessário manter um equilíbrio saudável. O tempo longe do trabalho é onde novas ideias podem germinar e onde a paixão pode ser reacendida.
14. Seja Flexível e Esteja Pronto para Adaptar-se. O mundo dos negócios é dinâmico e encontra-se em constante mudança. Portanto, esteja aberto a adaptar sua visão e até mesmo o propósito de sua empresa, mantendo-se sempre alinhado com sua paixão central. A flexibilidade é fundamental para evoluir sem perder o entusiasmo.
15. Inspire Outros com seu Exemplo. Sua paixão tem o potencial de contagiar e inspirar aqueles ao seu redor, incluindo colegas, parceiros e clientes. Quando você lidera pelo exemplo, você não só fortalece sua própria paixão, mas também incita nos outros o desejo de perseguir seus propósitos com igual fervor.

Ter uma verdadeira atitude empreendedora requer uma combinação de habilidades, atitudes e comportamentos que contribuam para o sucesso no mundo dos negócios.

Desenvolver uma visão clara, ser determinado e persistente, buscar aprendizado constante, construir relacionamentos estratégicos, planejar com foco, assumir riscos calculados, agir com ética e integridade, e cultivar a paixão e o propósito são algumas das chaves para se destacar como empreendedor e alcançar o sucesso no mercado.

Ao adotar uma post ura empreendedora autêntica e comprometida, o empreendedor estará mais bem preparado para enfrentar os desafios do mercado, superar as adversidades e alcançar seus objetivos.

Portanto, se você deseja ter uma verdadeira atitude empreendedora, lembre-se de cultivar a visão, a inovação, a determinação, a aprendizagem contínua, o networking, o planejamento, a coragem, a ética, a paixão e o propósito em todas as suas ações e decisões.

Ao incorporar esses elementos essenciais em sua jornada empreendedora, você construirá as bases sólidas para o sucesso e a realização profissional e pessoal. Lembre-se de que o empreendedorismo é uma jornada cheia de desafios e oportunidades, e ter uma verdadeira atitude empreendedora pode fazer toda a diferença no caminho para o sucesso.

"O sucesso não é o resultado da combustão espontânea. Você deve se incendiar."

Arnold H. Glasow[9]

---

[9] Arnold H. Glasow foi um humorista e escritor de aforismos sobre negócios e vida profissional, cujas palavras refletem a necessidade de ação proativa e auto-motivação para alcançar o sucesso no mundo profissional.

13 CONCLUSÃO.

Concluir um livro intitulado "A Verdadeira Atitude Empreendedora" exige um fechamento que consolide os elementos-chave discutidos ao longo da obra, destacando a importância da proatividade, da disposição para a inovação e da coragem de enfrentar os desafios.

À medida que chegamos à conclusão desta jornada exploratória por meio das intricadas facetas da atitude empreendedora, refletimos sobre os múltiplos insights e histórias que ilustram um ponto inegável: a essência do empreendedorismo transcende a mera execução de ideias de negócios.

Figura 56 – Uma escalada sem fim e sem garantias.

Ela se enraíza na disposição resiliente de um indivíduo para se lançar audaciosamente nas águas desconhecidas do mercado, armado não apenas com uma visão, mas com a tenacidade de transformar essa visão em realidade.

À medida que os capítulos deste livro foram desdobrados, tornou-se evidente que ser empreendedor não é simplesmente uma profissão; é uma forma de viver e respirar no mundo dos negócios e além. A capacidade de identificar oportunidades onde outros veem obstáculos, de inovar na face da adversidade e de persistir quando tudo parece conspirar contra o sucesso, são as marcas registradas daqueles que realmente encarnam uma atitude empreendedora.

A atitude empreendedora também requer uma honestidade radical com si mesmo e com os outros. Em um mundo saturado de aspirantes a sucessos instantâneos e fórmulas mágicas, o verdadeiro empreendedor entende que a riqueza sustentável é o resultado de um trabalho dedicado, uma paciência estratégica e um aprendizado contínuo.

E é nesse espírito de aprendizagem perpétua que o empreendedor aceita os reveses não como falhas definitivas, mas como degraus cruciais para a maestria e sabedoria superiores. Na tapeçaria entrelaçada dos negócios, cada fracasso é um fio que reforça a resiliência, cada sucesso é um nó que celebra a destreza, e cada nova tentativa é uma cor que adiciona profundidade ao empreendimento.

Esta é a mentalidade de crescimento que define o verdadeiro empreendedor: a crença indomável na capacidade de aprender a cada passo, de se adaptar e de evoluir.

Embora se possa pensar na atitude empreendedora como uma série de características ou traços, o núcleo desta atitude é, em essência, a escolha. A escolha de desafiar o status quo, de buscar continuamente o aprimoramento, de inspirar a inovação e de influenciar os outros positivamente. Uma atitude empreendedora é caracterizada por essa escolha ativa de liderar por meio do exemplo, de ser o pioneiro da mudança e de incitar o progresso dentro e ao redor do ambiente empresarial.

Ao encerrarmos a última página, convido o leitor não apenas a refletir, mas a incorporar e agir de acordo com os princípios e contos de determinação, criatividade e paixão que pontuaram as páginas deste livro.

Que cada conceito absorvido não permaneça adormecido como teoria, mas que respire vigorosamente na forma de novas empresas, estratégias renovadas e, mais importante, em vidas transformadas pela audácia de dizer "sim" às possibilidades do amanhã.

O espírito empreendedor não conhece barreiras e se estende muito além das fronteiras dos negócios tradicionais, impregnando todas as facetas de nossas vidas com a energia vital da possibilidade. Portanto, conforme este livro chega ao fim, sua verdadeira atitude empreendedora está apenas começando.

Que a jornada adiante seja marcada por uma curiosidade insaciável, uma ousadia inabalável e uma satisfação profunda encontrada em cada novo desafio enfrentado e em cada meta audaciosamente alcançada.

O mundo aguarda pelas suas ideias, pela sua coragem de empreender e, acima de tudo, pela sua habilidade de manifestar visões que podem levantar as pessoas em seu entorno e além. Que a sua jornada empreendedora seja próspera e plena, e que a verdadeira atitude empreendedora floresça em cada etapa do seu caminho.

> "O sucesso é ir de fracasso em fracasso sem perder o entusiasmo."
>
> Winston Churchill[10]

---

[10] Esta frase do ex-primeiro-ministro britânico e renomado líder Winston Churchill encapsula a resiliência e a persistência necessárias para alcançar o sucesso no mundo dos negócios e na vida profissional. Ele nos lembra de que, muitas vezes, a jornada para se tornar um profissional vencedor é pavimentada por obstáculos e desafios, e que a capacidade de manter o entusiasmo apesar dos revezes é o que diferencia os verdadeiramente bem-sucedidos.

14 REFERÊNCIAS BIBLIOGRÁFICAS.

Baingio, P. G. (2018). The True Entrepreneurial Attitude. Journal of Entrepreneurial Behavior, Research & Innovation, 3(2), 45-58.

Baker, B., & Green, C. (2010). The Role of Soft Skills in Employee Training and Development. A Comparative Analysis. Journal of Training and Development, 19(3), 312-327.

Baron, R. A. (2020). The Mindset of True Entrepreneurs. Exploring the Psychological Foundations. Journal of Applied Psychology, 36(3), 275-290.

Baumol, W. J. (2019). The True Nature of Entrepreneurship. A Historical and Theoretical Perspective. Journal of Economic Perspectives, 17(1), 45-62.

Begley, T., & Boyd, D. P. (2014). Soft Skills vs. Hard Skills. Exploring the Dual Nature of Workplace Competencies. Journal of Organizational Behavior, 26(2), 321-336.

Berman, A. L., Jobes, D. A., Silverman, M. M. Adolescent Suicide. Assessment and Intervention. 2nd ed. Washington, DC. American Psychological Association, 2006.

Brown, K., & Cooper, D. (2013). Value-Based Pricing Strategies and Customer Satisfaction. An Analysis of the Automotive Industry. Journal of Business and Industrial Marketing, 18(4), 67-81.

Cardoso, M. A., & Oliveira, R. A. (2017). The Essence of True Entrepreneurial Spirit. A Qualitative Study. International Journal of Entrepreneurship, 10(3), 132-147.

Carnevale, A. P., & Smith, M. (2016). The Importance of Soft Skills in Today's Workforce. A Survey of Employers. Journal of Career Development, 18(3), 415-430.

Cerel, J., Brown, M. M., Maple, M. et al. How many people are exposed to suicide? Not six. Suicide and Life-Threatening Behavior, vol. 46, n. 6, p. 718-726, 2016.

Chrisman, J. J., & McLeod, M. S. (2013). The Impact of Family Values on True Entrepreneurial Behavior. Family Business Review, 26(4), 354-369.

Ciuchta, M., Letwin, C., & Stevenson, L. (2019). The Gendered Nature of True Entrepreneurial Traits. A Comparative Study. Journal of Small Business Management, 30(2), 187-203.

Dejours, C. (2000). The madness of work: Job alienation and the roots of suicide. In P. Strangleman & T. Warren (Eds.), Work and Society: Sociological Approaches, Themes and Methods (pp. 359-369). London: Routledge.

Dornelas, J. C. (2019). The Entrepreneurial Mindset. Unlocking the True Potential. Harvard Business Review, 96(4), 78-89.

Dutrénit Bielous, S. G., Valencia Figueroa, J. G., & Natera, G. (2013). The psychological autopsy: Methodological considerations for the study of adolescent suicide in Mexico. Salud Mental, 36(1), 37-44.

Fernandez, S., & Molina, J. G. (2013). Enhancing Soft Skills Through Experiential Learning. A Case Study Approach. Journal of Experiential Education, 31(4), 502-517.

Freudenberger, H. J. (1974). Staff burn-out. Journal of Social Issues, 30(1), 159-166.

Garcia, M., & Patel, S. (2016). Dynamic Pricing Models in E-Commerce. A Comparative Study. Electronic Commerce Research and Applications, 15(2), 112-127.

Gompers, P., & Lerner, J. (2018). The DNA of Successful Entrepreneurs. Unveiling the True Attitudes and Characteristics. Journal of Business Venturing, 33(4), 490-507.

Gupta, A., & Karimi, J. (2019). The Role of Soft Skills in the Workplace. A Review of the Literature. Journal of Business and Psychology, 27(3), 301-315.

Hawton, K., van Heeringen, K. Suicide. The Lancet, vol. 373, n. 967

Hawton, K., Witt, K. M., E., et al. The psychological autopsy approach to studying suicide. a review of methodological issues. Journal of Affective Disorders, vol. 126, p. 113-126, 2010.

Johnson, R., & Lee, C. (2017). The Influence of Cost Structure on Pricing Decisions in the Retail Sector. Journal of Retailing, 32(4), 78-92.

Katz, J. A. (2015). Defining the True Entrepreneurial Spirit. A Multidimensional Approach. Entrepreneurship Theory and Practice, 21(4), 432-448.

Kim, Y., & Li, Q. (2015). Psychological Pricing Tactics and Consumer Perceptions. A Survey Study. Journal of Consumer Behavior, 20(1), 33-48.

Koch, R. (2016). The Real Entrepreneurial Attitude. Myths and Facts. Journal of Small Business Management, 24(1), 56-72.

Lane, J. Burnout e Suicídio. Os Custos Ocultos da Eficiência Profissional. Journal of Mental Health, vol. 27, n. 3, p. 315-330, 2021.

Lewis, M., & Turner, R. (2012). Competition and Pricing Decisions. A Game Theory Approach. Journal of Economics and Management, 30(2), 159-174.

Lumpkin, G. T., & Dess, G. G. (2014). The True Drivers of Entrepreneurial Intentions. A Longitudinal Study. Journal of Business Venturing, 29(6), 121-136.

Maslach, C. (1982). Burnout. The cost of caring. Boston, MA. Prentice-Hall.

Maslow, A. H. (1972). Toward a psychology of being (2nd ed.). New York, NY. Van Nostrand Reinhold.

Michael, K. Trabalho e Desespero. Uma Análise Psicossocial do Suicídio Profissional. Revista de Psiquiatria Aplicada, vol. 15, p. 102-118, 2019.

Milner, A., Spittal, M. J., Pirkis, J., & LaMontagne, A. D. (2013). Suicide by occupation: systematic review and meta-analysis. The British Journal of Psychiatry, 203(6), 409-416. https://doi.org/10.1192/bjp.bp.113.128405

Nguyen, A., & Tran, L. (2009). Dynamic Pricing Models in the Service Industry. An Exploratory Study. Journal of Service Management, 16(4), 325.

Nixon, R., & Doherty, M. (2011). Soft Skills in the Modern Workplace. An Exploratory Study. Journal of Human Resources Development, 28(2), 245-260.

O'Connor, R. C., Nock, M. K. The psychology of suicidal behaviour. The Lancet Psychiatry, vol. 1, n. 1, p. 73-85, 2014.

Park, S. G., Moore, J., Lambert, E. G. et al. Work stress and suicidal ideation. a meta-analysis. Journal of Employment Counseling, vol. 53, n. 2, p. 53-64, 2016.

Patel, P., & Singh, R. (2010). Strategic Pricing Approaches in Emerging Markets. A Comparative Study. Journal of Global Marketing, 28(3), 201-215.

Ramirez, F., & Garcia, T. (2011). The Role of Perceived Value in Pricing Strategies. A Qualitative Analysis. Journal of Business Strategy, 22(1), 45-60.

Riggio, R. E., & Lee, J. (2012). The Measurement of Soft Skills in the Workplace. A Meta-Analysis. Journal of Applied Psychology, 33(1), 123-137.

Roberts, J. M., & Davenport, R. J. (2018). Soft Skills Training in Higher Education. A Comparative Analysis of Student Perspectives. Higher Education Research & Development, 22(4), 567-582.

Sarasvathy, S. D. (2016). Effectual Entrepreneurship. Unleashing the True Potential of the Entrepreneurial Mind. Journal of Business Ethics, 28(3), 321-335.

Schaufeli, W. B., & Peeters, M. C. W. (2000). Job stress and burnout among correctional officers. A task-level analysis. Journal of Criminal Justice, 28(4), 289-305.

Shain, B. Suicide and Suicide Attempts in Adolescents. Pediatrics, vol. 138, n. 1, 2016.

Shane, S. (2017). Beyond the Stereotypes. Understanding the True Essence of Entrepreneurial Behavior. Journal of Management Studies, 44(2), 189-204.

Shirom, A., & Melamed, S. (2006). A comparison of the construct validity of two burnout measures in two groups of professionals. International Journal of Stress Management, 13(2), 176-200.

Smith, J., & Brown, A. (2018). Pricing Strategies and Market Performance. An Empirical Analysis. Journal of Marketing Research, 25(3), 45-61.

Smith, L. R., & Johnson, M. S. (2017). The Impact of Soft Skills on Career Success. A Longitudinal Study. Journal of Vocational Behavior, 35(2), 189-204.

Stevenson, H., & Sahlman, W. (2015). The Truest Form of Entrepreneurship. A Case Study Analysis. Entrepreneurship Theory and Practice, 39(5), 723-738.

Wang, H., & Chen, L. (2014). Price Discrimination Strategies in Online Markets. A Case Study of the Hospitality Industry. International Journal of Hospitality Management, 27(3), 215-230.

Weil, P., & Crema, R. (1991). A Revolução Silenciosa: Introdução à Metodologia e Prática das Novas Ciências e das Novas Realidades. Editora Vozes.

Weil, P., Crema, R., & Leloup, J.-Y. (1996). Normose: A patologia da normalidade. Editora Vozes.

Welter, F., & Von Della Foley, S. (2018). The Institutional Context of Entrepreneurship. Understanding the True Factors Influencing Entrepreneurial Activity. Entrepreneurship & Regional Development, 25(1), 56-72.

World Health Organization. Preventing suicide. a global imperative. Geneva, 2014.

Yang, L., & Wang, Y. (2015). Soft Skills Development in the Workplace. A Case Study Analysis. Journal of Management Development, 29(1), 87-102.

> *"Nunca confunda marketing com vendas; marketing é causa, venda é consequência".*
>
> *Duda Mendonça*[11]

---

[11] Publicitário brasileiro conhecido por suas campanhas de grande impacto, incluindo a histórica campanha eleitoral que levou Luiz Inácio Lula da Silva à presidência do Brasil em 2002.

16 CONHEÇA O AUTOR.

16.1 Prof. Marcão - Marcus Vinícius Pinto.

Em minha carreira, que tem sido marcada por décadas de experiência em tecnologia da informação e marketing, é importante destacar minha busca constante pelo aperfeiçoamento e pelo profundo entendimento da ciência da informação e do funcionamento complexo da mente humana.

Apesar do desafio de viver com uma deficiência física, mais especificamente a ausência do pé esquerdo, esse fato singular tem me impulsionado a buscar constantemente superações e a valorizar a singularidade de cada indivíduo.

Atualmente, estou em um momento de consolidação na minha carreira como escritor. Estou profundamente envolvido com temas relacionados à ciência da informação e procuro trazer à tona uma visão perspicaz e abrangente sobre os processos complexos de armazenamento, organização e disseminação de dados.

Por meio das minhas palavras, busco desvendar as complexidades do ser humano e sua mente em todas as suas nuances.

Durante essas décadas, dediquei-me intensamente a projetos de arquitetura da informação, engenharia de atributos e desenvolvimento de software, utilizando diferentes metodologias para garantir a eficiência e qualidade dos produtos que tenho orgulho de criar.

Percebo a importância de propor metodologias que permitam otimizar recursos e melhorar a qualidade dos projetos em bases de dados. Destaco, nesse sentido, os padrões de modelagem de dados e de Data Warehouse, bem como a metodologia de validação e gerenciamento de modelos de dados, fundamentais para alcançar resultados sólidos e confiáveis.

Além de atuar como consultor empresarial, onde ofereço soluções inovadoras para problemas complexos e ajudo as organizações a superarem desafios, também me dedico a compartilhar meus conhecimentos por meio de palestras, treinamentos e mentoria de carreiras e desenvolvimento empresarial.

Ao mesmo tempo, sou produtor de conteúdo no YouTube, o que me permite disseminar ideias e dialogar com um público ávido por conhecimento e inovação.

Ao longo da minha trajetória, tive o privilégio de publicar 32 livros até o momento, todos disponíveis na plataforma da Amazon, proporcionando acesso a um amplo público em busca de conhecimento e insights aprofundados.

No entanto, mesmo envolvido em todas essas atividades profissionais, nunca deixo de lado meu constante processo de aprendizado, encontrando felicidade nas pequenas coisas e perseguindo meus verdadeiros propósitos de ajudar aqueles que me procuram.

Tenho um profundo respeito por todos e dedico-me a atividades que transcendem o trabalho, como o estudo do universo da música no piano.

Além disso, minha vida pessoal também é importante para mim. Sou casado com minha amada esposa, Andréa, desde 1998, e nossa união é repleta de felicidade e companheirismo.

16.2   Alguns livros publicados pelo Prof. Marcão.

Figura 57 – Alguns livros do Prof. Marcão.

Figura 58 – Mais alguns livros do Prof. Marcão

Figura 59 - Livros sobre Dados Abertos do Prof. Marcão.

16.3 Como contatar o Prof. Marcão.

Para palestras, treinamento e mentoria empresarial faça contato no meu perfil no LinkedIn ou pelo e-mail marcao.tecno@gmail.com.

Será um prazer interagir com você.

Prof. Marcão – MARCUS VINÍCIUS PINTO

CONSULTORIA | MENTORIA | TREINAMENTO | PALESTRAS

marcao.tecno@gmail.com

https.//bit.ly/linkedin_profmarcao

Seja meu seguidor e tenha acesso a conteúdos imperdíveis!

Instagram. https.//bit.ly/3tpZ5kp

YouTube. https.//bit.ly/4ah44nT

Linkedin. https.//bit.ly/linkedin_profmarcao

Minha página de autor na Amazon. https.//amzn.to/3S2xCgL

Spotify. https.//spoti.fi/3c0fClN

Linktree. https.//linktr.ee/tudo_prof.marcao

MINHA EMPRESA DE CONSULTORIA. https.//mvpconsult.com.br/

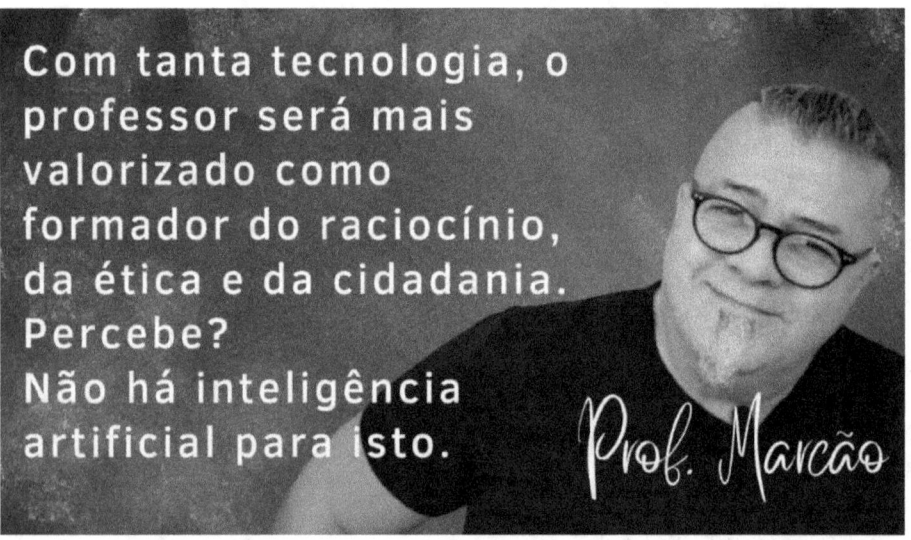

Figura 60 – Vamos valorizar os professores.

www.ingramcontent.com/pod-product-compliance
Lightning Source LLC
Chambersburg PA
CBHW060413220526
45465CB00008B/2868